MASTERING

RUSSIAN

ERIKA HABER

HIPPOCRENE BOOKS
New York

For information, address:
HIPPOCRENE BOOKS, INC.
171 Madison Avenue
New York, NY 10016

ISBN 0-7818-0270-9

Printed in the United States of America.

CONTENTS

THE HIPPOCRENE MASTERING SERIES

MASTERING ARABIC
Jane Wightwick and Mahmoud Gaafar
320 pages • 0-87052-922-6 • $14.95 pb
2 Cassettes 0-87052-984-6 • $12.95
Book/Cassettes 0-87052-140-3 • $27.90

MASTERING FINNISH
Börje Vähämäki
278 pages • 0-7818-0233-4 • $14.95pb
2 Cassettes • 0-78180265-2 • $12.95
Book/Cassettes • 0-7818-0266-0 • $27.90

MASTERING FRENCH
E.J. Neather
288 pages • 0-87052-055-5 • $11.95pb
2 Cassettes • 0-87052-060-1 • $12.95
Book/Cassettes • 0-87052-136-5 • $24.90

MASTERING ADVANCED FRENCH
278 pages • 0-78180312-8 • $11.95pb
2 Cassettes • 0-7818-0313-5 • $12.95
Book/Cassettes • 0-7818-0314-4 • $24.90

MASTERING GERMAN
A.J. Peck
340 pages • 0-87052-056-3 • $11.95 pb
2 Cassettes • 0-87052-061-X • $12.95
Book/Cassettes • 0-87052-137-3 • $24.90

MASTERING ITALIAN
N. Messora
360 pages • 0-87052-057-1 • $11.95 pb
2 Cassettes • 0-87052-066-0 • $12.95
Book/Cassettes • 0-87052-138-1 • $24.90

MASTERING JAPANESE
Harry Guest
368 pages • 0-87052-923-4 • $14.95 pb
2 Cassettes • 0-87052-938-8 • $12.95
Book/Cassettes • 0-87052-141-1 • $27.90

MASTERING POLISH
Albert Juszczak
288 pages • 0-7818-0015-3 • $14.95 pb
2 Cassettes • 0-7818-0016-3 • $12.95
Book/Cassettes • 0-7818-0017-X • $27.90

MASTERING SPANISH
Robert Clarke
338 pages • 0-87052-059-8 • $11.95 pb
2 Cassettes • 0-87052-067-9 • $12.95
Book/Cassettes • 0-87052-139-X • $24.90

MASTERING ADVANCED SPANISH
Robert Clarke
300 pages • 0-7818-0081-1 $11.95 pb
2 Cassettes • 0-7818-0089-7 • $12.95
Book/Cassettes • 0-7818-0090-0 • $24.90

CHAPTER 1

GETTING ACQUAINTED

1.1 DIALOGUES: 📼

Listen to the following dialogues on the tape, noting where the stress falls in each word. Then read the dialogues aloud first with the tape and then a second time without it.

A.

```
 1    Иван Дмитриевич: Здравствуйте.
      Анна Павловна: Добрый день.
      Иван Дмитриевич: Как вас зовут?
      Анна Павловна: Меня зовут Анна
 5        Павловна.
      Иван Дмитриевич: А меня -- Иван
          Дмитриевич.   посушай мне
      Анна Павловна: Очень рада    glad
          познакомиться с вами.
10    Иван Дмитриевич: Садитесь  sit down
          пожалуйста.
      Анна Павловна: Спасибо.
      Иван Дмитриевич: Как вы
          поживаете?
15    Анна Павловна: Хорошо. Спасибо. А
          вы?
      Иван Дмитриевич: Неважно. Lousy
      Анна Павловна: Почему?
      Иван Дмитриевич: Дел много. A lot
20    Анна Павловна: И когда у вас будет
          свободное время? wolny czas
      Иван Дмитриевич: Пожалуйста,
                                please
```

7

приходи́те ещё раз в сре́ду. Вы
свобо́дны?

25 А́нна Па́вловна: Да. Прости́те за
беспоко́йство. Я верну́сь в
сре́ду.

Ива́н Дми́триевич: До среды́.

А́нна Па́вловна: До свида́ния.

B.

1 Све́та: Приве́т Стёпа.
Стёпа: Здра́вствуй Све́та.
Све́та: Как дела́?
Стёпа: Хорошо́. Что но́вого?
5 Све́та: Ничего́ осо́бенного. Я мно́го
занима́юсь.
Стёпа: Где О́льга? Ты зна́ешь?
Све́та: Нет, не зна́ю. Мо́жет быть
она́ до́ма.
10 Стёпа: А Бори́с? Ты его́ ви́дела?
Све́та: Да, он в библиоте́ке.
Стёпа: Коне́чно, я забы́л. Бо́ря и
Са́ша в библиоте́ке. Ведь за́втра
бу́дет экза́мен.
15 Све́та: Да, и мне то́же на́до
подгото́виться к экза́мену!
Стёпа: Ну ла́дно.
Све́та: Пока́ Стёпа.
Стёпа: До ско́рого.

8

1.2 NOTES ON THE DIALOGUES:

The numbers that precede the Russian word or phrase indicate the line of dialogue in which the specified text appears.

A.

1-2. Ива́н Дми́триевич/А́нна Па́вловна
These are examples of the polite or official manner of address, using a person's first name and patronymic. For further details on formation and usage of Russian names, see section 1.4 of this chapter.

1. здра́вствуйте   Notice that the first в is not pronounced in this word. Here it appears in its polite or plural form and again in dialogue B, line #2, in its informal or singular form. Similar to both German and French, Russian has two forms of "you." Вы signifies either a formal or plural address and ты represents the familiar or singular form. Verbal endings must agree with the form of pronoun used.

3. как вас зову́т   This is a set phrase that literally asks "what are you called?" The pronoun used (вас) is the accusative second-person plural form of вы, since "you" here serves as the direct object.

4. меня́ зову́т... The literal response is "they call me..."

8. ра́да   This is a feminine short from adjective used here as part of the predicate to mean "glad." If the subject were masculine, neuter or plural the forms would be respectively: рад, ра́до, ра́ды where the endings added refer back to the identity of the subject.

9. с ва́ми   The concept of "with you" is expressed here with the preposition с which requires the instrumental case of the polite form of the "you" (в ы) pronoun.

10. сади́тесь   This is the imperative or command form of the verb "to sit down." It is in the polite form here, recognizable by the т е suffix, which softens the command to a request in this case.

13-14. как вы пожива́ете?   Again, as in line #2, this is the polite or formal form of address. To ask the same question of a friend or family member one would say как ты пожива́ешь? The verb literally means "to live," but in this expression it carries the idea of "how are you?"

19. дел мно́го   This is the genitive plural form of the word for "matters, affairs" which is necessary after the qualifier мно́го meaning "much, a lot."

20. у вас   Possession in Russian is most often expressed with this construction using the preposition у and the noun or pronoun in the accusative case. The object possessed is in the nominative case.

23. в среду́   Many expressions of time are constructed using the preposition в and the accusative case. Notice that days of the week (and months of the year) are not capitalized in Russian.

24. вы свобо́дны   Similar to ра́да in line #8, свобо́дны is a short form adjective used here as part of the predicate. This is the plural form to agree with the plural/polite form of the word for "you."

〜**25-26.** прости́те за беспоко́йство   This expression of apology contains a verb in the imperative and the preposition з а which requires a noun in the accusative case here.

26. верну́сь   This is the first-person present tense conjugation of a reflexive perfective verb meaning "I will return... ."

В.

2. здра́вствуй   This is the informal or familiar form of the greeting found in line #1 of dialogue A. Once again, remember that the initial в is silent in its pronunciation.

3. как дела́?   This is a set phrase in which the word де́ло appears here in the plural. Note the stress shift in the plural form.

4. что но́вого?   This is a set phrase using the adjective но́вый in the neuter genitive form. The answer is also expressed in this genitive form: ничего́ осо́бенного. The pronunciation of the genitive/accusative masculine and neuter adjectival ending –ого/-его is always as if it were spelled –ово/-ево, in other words, the г is pronounced as в .

5. мно́го занима́юсь   This is a first-person present tense conjugation of the imperfective verb занима́ться. It is preceded by the adverb мно́го, which when followed by a noun, requires the genitive case.

7. зна́ешь   This is the second-person singular present tense form of the verb знать. The answer in the next line (зна́ю) is the first-person singular present tense form.

11

8. не зна́ю   The particle н е appears before verbs to express negation.

9. до́ма   До м means "house," whereas the phrase до́ма means "at home."

10. ты его́ ви́дела?   Since "he" is the direct object of this sentence, the pronoun appears here in the accusative masculine form (его́), rather than the nominative (о́н). Note also that this word is pronounced like the genitive masculine and neuter adjectival endings, that is as е в о rather than as spelled е г о. The verb is in the feminine past tense form since the т ы refers back to Све́та, a female.

11. в библиоте́ке   The preposition в plus a noun in the prepositional case, as библиоте́ка is in this line, denotes location. In this case, the phrase means "at the library." Note that there are neither definite ("a") nor indefinite ("the") articles in Russian.

12. забы́л   This is the masculine past tense conjugation of the verb забы́ть.

14. бу́дет   This is the third-person singular conjugation of the future tense of the verb быть. This verb has a highly unique conjugation that will be discussed more fully in the next chapter.

15. мне то́же на́до подгото́виться   Using the modal auxiliary на́до to express necessity, this construction requires a noun or pronoun in the dative case after the preposition к and a verb in its infinitive form.

1.3   VOCABULARY:

а	and, but
ах	oh
в + acc/prep	in, at, on
беспокойство	disturbance
библиотека	library
ведь	after all
время	time
вы	you (pl or pol)
где	where
да	yes
до + gen	until, up to
дом	house
ещё раз	again
за + acc/inst	for
завтра	tomorrow
здравствуй(те)	hello, hi
и	and
как	how
когда	when
конечно	of course
ладно	ok, fine
много+ gen	a lot, much
может быть	maybe, perhaps
на + acc/prep	to/on/for
надо +dat	must
наверно	probably
неважно	poorly
нет	no
ничего	nothing
но	but, however
ну	well
он	he
она	she
очень	very
пожалуйста	please
пока	bye, see you (inf)
потому что	because
почему	why
привет	hi (inf)

ра́д/-а/-о/-ы	glad/-f/-n/-pl
с + inst/gen	with
свобо́ден/-на/-но/-ны	free/-f/-n/-pl
свобо́дный	free (adj)
спаси́бо	thanks
среда́	Wednesday
то́же	also, as well
ты	you (sg or fam)
у + gen/acc	by, at, near
хорошо́	well, good
экза́мен	exam
я	I

Phrases:

до свида́ния	good bye
до ско́рого	see you soon
до среды́	until Wednesday
до́брый день	good afternoon
до́ма	at home
как вас зову́т?	what's your name?
как вы пожива́ете?	how are you?
как дела́?	how are things?
меня́ зову́т...	my name is...
ничего́ осо́бенного	nothing special
о́чень прия́тно	it's very pleasant
подгото́виться к экза́мену	to prepare for an exam
прости́те за + acc	forgive me for...
сади́тесь	sit down
у меня́.../у тебя́...	I have/you have...
что но́вого?	what's new?

Verbs:

бы́ть	to be
верну́ться	to return
ви́деть	to see
забы́ть	to forget
занима́ться	to study, be occupied
зна́ть	to know
подгото́виться	to prepare
пожива́ть	to live
познако́миться	to get to know

приходи́ть	to come, arrive
прости́ть	to forgive
сади́ться	to sit down

1.4   GRAMMAR:

Gender:

There are three grammatical genders in Russian: masculine, feminine and neuter. Unless the word designates something animate, these gender labels have no relation to the meaning of the word. When the word is inanimate or abstract, the gender is determined by the last letter of the word in its base form as it appears in the nominative case. Words ending in a soft sign (ь) may be either masculine or feminine and the gender of such words must simply be memorized in each case. Otherwise, masculine words end in a consonant; feminine words end in either а/я; and neuter words end in either о/е. The variants in each gender represent what are called "hard" and "soft" endings. A word may be described as having a "soft" ending when the final letter of the word is either a palatalized consonant or the sound [y], represented in Russian by the letter й. All other endings represent words with so-called "hard" endings. A summary of the "hard" and "soft" endings for each gender may be found on the next page in the chart under the description of the nominative case.

Declension:

Russian expresses the relations between words in a sentence by inflection. Nouns and adjectives take different endings depending on their function in a sentence. In Russian these functions are split into six different categories called cases. These six cases are called: nominative, accusative, genitive, dative, instrumental and prepositional. Each case has its own distinctive endings for the three genders of nouns and adjectives. This explains why the same noun or adjective may appear with different endings depending on its usage in a sentence.

Nominative Case:

The nominative case in Russian usually designates that a word is the subject of the sentence. It is also the form that words appear in dictionaries and word lists. Note that words of different genders may be identified by their final letters.

The following tables also provide a means of determining a noun's "hardness" or "softness" based on its final letter in the nominative case.

Nouns:

	hard	soft
masculine	any consonant	-й, -ь
feminine	-а	-я, -ь
neuter	-о	-е, -ё

Adjectives:

	hard	soft
masculine	-ый, ой	-ий
feminine	-ая	-яя
neuter	-ое	-ее

Note that the gender and case of adjectives is determined by the nouns they modify, but an adjective's "hardness" or "softness" is wholly independent of the noun and is determined solely by the adjective's own ending in the nominative case.

Examine the examples of nouns and adjectives in the nominative case below:

<u>masculine</u>:
но́вый уче́бник
ста́рший брат
большо́й музе́й
у́мный писа́тель
ли́шний биле́т

<u>neuter</u>:
зи́мнее пальто́ —
после́днее сло́во —
жа́ркое со́лнце — *gorące słonce*
вку́сное вино́
до́лгое собра́ние

<u>feminine</u>:
удо́бная крова́ть
си́няя ю́бка
ми́лая учи́тельница
ста́рая исто́рия
вече́рняя газе́та

Personal Pronouns:

Like nouns, pronouns decline in all of the cases and
their forms will be given with each case as it is
introduced. First and second person singular
pronouns correspond to "I" and "you" in English and
do not show gender. Corresponding to "we," "you,"
"they" in English, the pronouns for the first, second
and third person plural forms also do not
distinguish gender. However, third person singular
pronouns ("he," "she," "it") are marked for gender
and decline differently.

Nominative Case Personal Pronouns:

singular:
1st person	I	я
2nd person	you	ты

3rd person	he	он
	she	она́
	it	оно́
plural:		
1st person	we	мы
2nd person	you	вы
3rd person	they	они́

Interrogative Pronouns:

Кто and что are the pronouns used to form the questions "who" and "what." They decline just like nouns according to their usage in a sentence. For instance, when the question is the subject of the sentence the nominative case is used. Кто звони́л? Who called? or Что он сказа́л? What did he say? Similarly, when the question is the direct object, the interrogatives take the accusative case. Кого́ она́ ви́дела? Whom did she see? The different declensions will be presented with each new case as it is introduced.

Nominative Case Interrogatives:

who?   кто?   what?   что?

Possessive Pronouns:

The third person singular pronouns его́, её, его́ (his, hers, its) and the third person plural их (their) never change form in the various cases. The rest (my, yours, ours, theirs) decline like adjectives according to gender, number and case.

Nominative Case Possessive Pronouns:

	masc	fem	neuter
singular:			
my	мой	моя́	моё

your	твой	твоя́	твоё
his/her/its	его́	её	его́

plural:

our	наш	на́ша	на́ше
your	ваш	ва́ша	ва́ше
their	их	их	их

Russian Names:

In polite or official situations Russians typically call each other by their и́мя (first name) and their о́тчество (patronymic), which is a name derived from their father's first name. This explains why most Russians have three names: Алекса́ндр Серге́евич Пу́шкин, Никола́й Васи́льевич Го́голь, Мари́на Ива́новна Цвета́ева.

Patronymics are formed using the father's name and special suffixes for men and women:

father's name	men	women
ends in consonant	-ович	-овна
ends in -ь/-й	-евич	-евна
ends in -а/-я	-ич	-ична/
		-инична

Бори́с	Бори́сович	Бори́совна
Андре́й	Андре́евич	Андре́евна
Илья́	Ильи́ч	Ильи́нична

Within families, especially with children, or between good friends, Russians often use diminutive forms of their first names. This explains why Russian literature always seems to have so many characters. Each one may be addressed in any number of different ways by different characters in various situations. For example, Гео́ргий may also be called Ю́рий, Его́р and Жо́ра, and likewise Екатери́на may be known as Ка́тя, Ка́тюша and Ка́тенька.

First names (even those that end in –ий) and
patronymics are declined like nouns in all the cases,
but this is not the situation with the фами́лия
(surname).

Surnames that end in –ов/–ев or –ин were
originally possessive adjectives and thus they have
a declension that includes some nominal endings
and some adjectival endings.

	masculine	feminine	plural
nom	Ивано́в	Ивано́ва	Ивано́вы
acc	Ивано́ва	Ивано́ву	Ивано́вых
gen	Ивано́ва	Ивано́вой	Ивано́вых
dat	Ивано́ву	Ивано́вой	Ивано́вым
inst	Ивано́вым	Ивано́вой	Ивано́выми
prep	Ивано́ве	Ивано́вой	Ивано́вых

Other common surnames resemble regular
adjectives ending in –ский/–ская or –ой/–ая
and are declined as adjectives throughout their
paradigms, as for example, Достое́вский and
Толсто́й whose wives would have been known as
Достое́вская and Толста́я.

Foreign masculine surnames that end in consonants
or vowels other than –е, –и, –о, –у are also
declined, whereas women's foreign surnames are
never declined.

With the dissolution of the Soviet Union, the use of
това́рищ (comrade), граждани́н (citizen) and
гражда́нка (female citizen) are somewhat less
common. Meanwhile, there has been renewed use of
господи́н (mr.) and госпожа́ (mrs.), which had
been used previously before the revolution and are
being used again now.

1.5   EXERCISES:

It is not necessary to know what the Russian words mean nor where the stress marks are located in order to complete the exercises in this first chapter.

A. Determine the gender (m/f/n) of each of the following nouns: Ex. стол (masculine, because л is a consonant.)

1.	библиоте́ка	6.	муж	11.	ночь
2.	журна́л	7.	по́лка	12.	дом
3.	каранда́ш	8.	письмо́	13.	оте́ц
4.	кварти́ра	9.	по́ле	14.	окно́
5.	зда́ние	10.	ку́хня	15.	фами́лия

(handwritten notes in margin: žurnal, Kalendos, mieszka)
(handwritten: pole next to по́ле)

B. Determine whether the ending of the following nouns is either "soft" or "hard." Ex. музей (soft, because it ends in a й.)

1.	по́ле	6.	сочине́ние	11.	теа́тр
2.	газе́та	7.	писа́тель	12.	шко́ла
3.	го́род	8.	геро́й	13.	ку́хня — kuchnia
4.	рабо́та	9.	карти́на	14.	окно́
5.	статья́	10.	письмо́	15.	мать

(handwritten: yok next to го́род; praca next to рабо́та; items 6, 8, 5 circled)

C. Determine whether the ending of the following adjectives is either "soft" or "hard." Ex. вече́рняя (soft, because it ends in the "soft" feminine adjectival ending).

1.	удо́бный	8.	холо́дное
2.	о́строе	9.	ужа́сный
3.	кра́сная	10.	све́тлое
4.	ли́шняя	11.	про́шлый
5.	си́нее	12.	у́тренний
6.	совреме́нный	13.	вече́рняя
7.	бе́лый	14.	зи́мний

(handwritten: items 1 and 4 circled)

D. Replace the noun with the appropriate (masculine, feminine or neuter) personal pronoun in the nominative case. Ex. улица (она, because the word ends in an a and is therefore feminine).

1. правда
2. концéрт
3. женá
4. войнá
5. друг

6. чтéние
7. парк
8. музéй
9. слóво
10. странá

11. конéц
12. пóле
13. нéбо
14. семья́ – *rodina*
15. ры́ба – *ryba*

St. Basil's Cathedral on Red Square

22

Cosha

CHAPTER 2

FAMILY AND NATIONALITIES

2.1. DIALOGUES:

Listen to the following dialogues on the tape, noting where the stress falls in each word. Then read the dialogues aloud first with the tape and then a second time without it.

A.

1   Еле́на Кири́лловна: Каки́е краси́вые
        глаза́ у вас! Вы итальянец?
    Стефа́н Ива́нович: Нет, моя́ мать --
        евре́йка, а оте́ц -- поля́к.
5   Они́ живу́т в Кана́де. Я там
        роди́лся. А кто вы по
        национа́льности?
    Еле́на Кири́лловна: Я америка́нка.
        Живу́ в Нью-Йо́рке.
10   Стефа́н Ива́нович: А ва́ши роди́тели
        роди́лись в США?
    Еле́на Кири́лловна: Нет. Моя́ мать --
        украи́нка, а мой оте́ц -- не́мец.
    Стефа́н Ива́нович: А муж?
15   Еле́на Кири́лловна: Я не за́мужем.
        А ва́ша жена́, она́ то́же
        кана́дка?
    Стефа́н Ива́нович: Нет. Она́ евре́йка.
        Мы тепе́рь живём в Изра́иле.
20   Еле́на Кири́лловна: У вас есть де́ти?
    Стефа́н Ива́нович: Есть. У нас оди́н
        сын и одна́ дочь.

Еле́на Кири́лловна: Прекра́сно!

B.

1   Ире́на: Игорь, у тебя́ ма́ленькая
        семья́?
    Игорь: Нет, наоборо́т у меня́
        дово́льно больша́я семья́. Нас
5   пя́теро.
    Ире́на: Зна́чит, у тебя́ мать, оте́ц,
       брат и сестра́?
    Игорь: Да, у меня́ есть роди́тели и
       брат, но нет сестры́.
10   Ире́на: Но ты сказа́л, что вас пя́теро.
    Игорь: Ах да, у нас и ба́бушка.
    Ире́на: А де́душка?
    Игорь: Он у́мер три го́да наза́д.
    Ире́на: Жаль. Твой брат ста́рше или
15   мла́дше тебя́?
    Игорь: Алекса́ндр ста́рше меня́ на два
       го́да. Он ско́ро же́нится.
    Ире́на: Тогда́ у тебя́ бу́дет племя́ник
       или племя́ница.
20   Игорь: Наве́рно да. Мои́ роди́тели
       о́чень хотя́т, чтобы у них бы́ли
       внук или вну́чка.
    Ире́на: Ты вообще́-то собира́ешься
       жени́ться?
25   Игорь: Да, но не тепе́рь. Я ещё
       сли́шком молодо́й чтобы бы́ть
       жена́тым. А ты? Ты хо́чешь
       вы́йти за́муж?
    Ире́на: Мо́жет быть, но пре́жде я
30   хочу́ поступи́ть в аспиранту́ру.

2.2 NOTES ON THE DIALOGUES:

A.

1. **какие** This is the plural adjectival form for the descriptive pronoun meaning "what" or "such." Here it modifies the plural adjective and noun краси́вые глаза́.

3-4. **--** The dash stands for the present tense form of the verb "to be" which is not used in Russian.

3-4. **моя́/мой** These are the feminine and masculine forms of the first person singular possessive prounoun meaning "my." The full chart of nominative case possessive pronouns may be found back in Chapter 1.

porodzic wrodzic

6. **роди́лся** This is the masculine past tense form of a reflexive verb. Reflexive verbs have special endings added on to the conjugaged forms. The conjugation of reflexive verbs will be taken up in more detail in Chapter 4.

8. **америка́нка** There are masculine and feminine forms of words denoting nationalities. Most feminine forms end in -ка and the masculine ones commonly end in -ец as in line #2: италья́нец. But there are exceptions. See for example line #4: поля́к is the masculine form for Pole. The masculine and feminine words for Russian (ру́сский/ру́сская) are also notable exceptions. For a list of common nationalities see the grammar section of this chapter. Note that nationalities are not capitalized in Russian.

9. в Нью-Йорке   Location is expressed in Russian using the prepositions в or на and a noun in the prepositional case.

10. ваши   This is the polite or formal form of the plural possessive prounoun meaning "your."

15. замужем   As with the different verbal expressions for men and women in expressing marriage, there are also different constructions to express the concept of actually being married. This is the feminine form and the masculine can be found in line #27 of dialogue B: женатым.

21-22. один/одна   Unlike any of the other numbers, the number one is declined according to gender. These are the masculine and feminine forms. Cardinal numerals will be discussed in detail in Chapter 16.

B.

4-5. нас пятеро   This is a set expression that translates as "there are five of us."

6. значит   This is another set expression meaning "that means." It should not to be confused with the verb значить "to mean, signify."

8. есть   This word is used to emphasize possession. If the object possessed is modified by and adjective, the есть is not used. For example: У меня младше брат or "I have a younger brother."

9. сестры   This is the genitive singular form of the noun сестра. It appears here in the genitive because in Russian the negation

26

or absence of something is expressed with
н е т and the genitive case.

11. и   The placement of the conjunction
before the noun in this instance gives it the
meaning of "also" instead of its more common
meaning of "and."

umorel

13. у́мер   This is an irregular past tense
masculine verb form. Most verbs in the past
tense masculine form end in an л as in
сказал found in line #10. Formation of the
past and future tense verbs will be formally
introduced in Chapter 3.

13. го́да   *rok*   This is the genitive singular
form of год. Nouns following the numbers
two (два), three (три) and four (четы́ре)
always appear in the genitive singular.
Further discussion of numerals may be found
in Chapters 15 and 16.

14. тво й   *Twoj*   This is the singular or familiar
form of the possessive prounoun "your." A
full chart of nominative case possessive
pronouns was given back in Chapter 1.

starsze mlodsze

14-15. ста́рше/мла́дше   These are the
comparative forms of the adjectives ста́рый
(old) and молодо́й (young). Comparatives
are discussed in greater detail in Chapters 13
and 14.

16. меня́   Comparative forms take an
object in the genitive case to signify the
comparison. In this case the comparison is:
"older than *me* by two years."

18. бу́дет   This is the third-person singular
future form of the verb "to be." See the
grammar section in this chapter for more
details.

20. мои́　　　Modifying the plural noun
роди́тели, this is the first-person plural
possessive pronoun

21. бы́ли　　　This is the third-person plural
past tense of the verb быть "to be."

23-24. собира́ешься жени́ться　Remember
that when two verbs appear consecutively
the second one is always in the infinitive
form.

28. вы́йти за́муж за + acc　This expression
is used to signify marriage for women.
Жени́ться на + prep is the expression used
for men.

2.3　VOCABULARY:

америка́нец/-ка	American/-f
ба́бушка	grandmother
большо́й	big
брат	brother
вас	you (pl/pol)
ваш	your (pl/pol)
whuk внук/вну́чка	grandson/ -daughter
вообще́-то	in general
глаза́	eyes
год	year
два	two
де́душка	grandfather
де́ти	children (pl)
дово́льно ~ _dowolno_	rather (adv)
дочь	daughter
евре́й/-ка	Jew/-f
ещё ~ _jeszcze_	still, too
жена́	wife
жена́тым	married (m)

за́мужем	married (f)
зна́чит — *значит*	so, that means
Изра́иль	Israel
и́ли	or
италья́нец/-ка	Italian/-f
каки́е	what (descriptive)
Кана́да	Canada
когда́-то	sometime
краси́вый	pretty
ма́ленький	small
мать	mother
мла́дше	younger
мой/моя́/моё/мои́	my/-f/-n/-p
молодо́й	young
муж	husband
наве́рно — *prawdopodob*	probably
наза́д —	ago
наоборо́т —	on the contrary
не́мец/-ка	German/-f
Нью-Йо́рк	New York
оди́н/одна́/одно́/одни́	one/-f/-n/-pl
оте́ц	father
племя́ник/-ница	nephew/niece
поля́к/по́лька	Pole/-f
пре́жде —	first
прекра́сно —	wonderful
роди́тели—	parents
ру́сский/ру́сская	Russian/-f
семья́ — *rodzina*	family
сестра́	sister
ско́ро —	soon
сли́шком —	too
ста́рше —	older
С Ш А	USA
сын	son
там	there
тепе́рь	now
тогда́ —	then
то́же	also
три	three
украи́нец/-ка	Ukrainian/-f
что	what
что́бы —	so that

Phrases:

вы́йти/выходи́ть за́муж за + acc	to marry (f)
жени́ться на + prep	to marry (m)
нас пя́теро	there are five of us
кто вы по национа́льности?	what is your nationality?
поступи́ть в аспиранту́ру	to enter graduate school
у меня́, у тебя́ (есть)	I have, you have...

Verbs:

бы́ть	to be
вы́йти	to enter into
выходи́ть	to enter into
жени́ться	to marry
жи́ть	to live
зна́чить	to mean
поступи́ть	to enter into
роди́ться	to be born
сказа́ть	to say
собира́ться —	to prepare
умере́ть	to die
хоте́ть	to want

2.4   GRAMMAR:

Accusative Case:

The accusative case in Russian is often used to express the direct object of the sentence, that is the person or thing directly affected by the action of the verb. This case is also used in many time expressions as well as after a number of prepositions that will be listed below.

Nouns:
Russian distinguishes between animate and inanimate nouns and this distinction is particularly important in the accusative case where masculine nouns take different endings depending on their animate or inanimate nature. When masculine nouns are animate they take endings that resemble the genitive singular endings а/я (which will be introduced formally in the next chapter) and when they are inanimate they take the same endings as used in the nominative singular that were given in the last chapter. Feminine nouns in the accusative take either an -у or -ю ending respectively depending on whether they end in an -а or -я in the nominative case. Feminine nouns that end in a "soft sign" (ь) in the nominative do not change endings in the accusative. Neuter nouns (both hard and soft) do not change at all in the accusative case but retain the same endings as in the nominative.

	hard	soft
masculine	– а/ any	– я / – й , – ь
(anim/inan)	consonant	
neuter	– о	–е, –ё
feminine	– у	– ю

Adjectives:
Accusative case adjectives decline similarly to the nouns they modify. For instance, masculine adjectives take either genitive singular endings for animate or nominative singular for inanimate and distinguish for hardness and softness also. Feminine adjectives take either an -ую or –юю ending. Just like neuter nouns in the accusative, the adjectives modifying neuter nouns in the accusative take the same endings they have in the nominative so that there is no change. Hence, their case must be determined from context since they are indistinguishable from the nominative case endings.

	hard	soft
masculine	-ого /	-его /
(anim/inan)	-ый, ой	-ий
neuter	-ое	-ее
feminine	-ую	-юю

Compare these nouns and adjectives in the nominative and accusative cases:

<u>masculine:</u>

ма́ленький сын	ма́ленького сы́на
плохо́й писа́тель	плохо́го писа́теля
ста́рший брат	ста́ршего бра́та
большо́й стол	большо́й стол
хоро́ший магази́н	хоро́ший магази́н

<u>neuter:</u>

чёрное перо́	чёрное перо́
кра́ткое письмо́	кра́ткое письмо́
ле́тнее со́лнце	ле́тнее со́лнце
си́нее мо́ре	си́нее мо́ре
ста́рое зда́ние	ста́рое зда́ние

<u>feminine:</u>

краси́вая жена́	краси́вую жену́
удо́бная крова́ть	удо́бную крова́ть
си́няя ю́бка	си́нюю ю́бку
больша́я семья́	большу́ю семью́
дли́нная исто́рия	дли́нную исто́рию

Prepositions Used with the Accusative Case:

Remember that some prepositions occur with various different cases and may have several different meanings.

в, во	in; into; at; on (time); to (direction);
за	behind (direction); for;
на	on; to (direction); for (time); than;
по	until (time); up to;

под	under (direction);
про	about, concerning;
сквозь	through
че́рез	across, through, after (time); via; every other (time);

Accusative Case Personal Pronouns:

Shown here in contrast to their nominative case counterparts are the accusative case personal pronouns:

я	меня́	мы	нас
ты	тебя́	вы	вас
он/оно́	его́	они́	их
она́	её		

Accusative Case Interrogatives:

These are the accusative case interrogatives, shown here in contrast to their nominative case counterparts :

| кто? | кого́? | что? | что? |

Accusative Case Possessive Pronouns:

	masc (anim/inan)	fem	neuter
sing:			
my	моего́/мой	мою́	моё
your	твоего́/твой	твою́	твоё
his, her, its	его́	её	его́
pl:			
our	на́шего/наш	на́шу	на́ше
your	ва́шего/ваш	ва́шу	ва́ше
their	их	их	их

Verbal Conjugation:

There are two basic types of verbal conjugation in Russian: -ать verbs and -ить verbs. These may be determined by looking at the end of the infinitive stem of the verb. For instance, the verbs знáть and поживáть from the first chapter both end in the stem -ать and are thus examples of what are called the first conjugation (Type I) verbs. Second conjugation verbs (Type II) found in Chapters 1 and 2 include вúдеть and знáчить because they end in -еть or -ить.

In addition to these two general categories there are also a multitude of exceptions that must simply be memorized each individually according to its own unique pattern.

In the vocabulary lists in the rest of this book each verb shall be categorized as either a Type I or II conjugation. When there are irregularities in conjugation or stress, the first- and second-person singular and third-person plural forms will be given, from which the pattern of conjugation and stress may be determined.

Present Tense Verb Forms:

In the present tense there are six different forms, three singular (I, you (singular), he/she/it) and three plural (we, you (plural), they). Each form takes a different ending which is the same for all verbs of its type of conjugation pattern (either Type I or Type II). These endings may be altered slightly according to the four spelling rules (page 6).

singular	Type I	Type II	plural	Type I	Type II
я	-ю	-ю	мы	-ем	-им
ты	-ешь	-ишь	вы	-ете	-ите
он*	-ет	-ит	онú	-ют	-ят

*In verbal paradigms throughout this book, the third person singular form (о́н, она́, оно́) will be represented in charts by о н which will stand for all three pronouns.

The following charts provide the conjugations of several verbs of each type of conjugation.

Type I

infin:	зна́ть	пожива́ть	чита́ть
я	зна́ю	пожива́ю	чита́ю
т ы	зна́ешь	пожива́ешь	чита́ешь
о н	зна́ет	пожива́ет	чита́ет
м ы	зна́ем	пожива́ем	чита́ем
в ы	зна́ете	пожива́ете	чита́ете
они́	зна́ют	пожива́ют	чита́ют

Type II

infin:	говори́ть	ви́деть	кури́ть
я	говорю́	ви́жу*	курю́**
т ы	говори́шь	ви́дишь	ку́ришь
о н	говори́т	ви́дит	ку́рит
м ы	говори́м	ви́дим	ку́рим
в ы	говори́те	ви́дите	ку́рите
они́	говоря́т	ви́дят	ку́рят

*Remember that the four spelling rules will influence the spelling of the verbal endings--most frequently in the first-person singular and third-person plural forms. In this case, an –ю cannot be written after a ж and therefore the first-person form is spelled with a –у. The presence of the ж is simply a mutation that must be learned for the first-person form of this verb.

**Stress shifts in verbal conjugations are common and usually follow a distinct pattern. The infinitive and the first-person singular are often end stressed and then the stress shifts back one syllable for the other forms.

Irregular Verbs:

As noted above, not all verbs conform to the first and second conjugation patterns. In fact, some of the most frequently used verbs in Russian are the most highly irregular. Their conjugations must simply be memorized individually. Most irregular verbs have one or two unusual forms and the rest of the paradigm follows the usual pattern, as seen for example in the case of the verb видеть on the preceding page. When such verbs occur in the dialogues, the first and second person singular and third person plural forms will be given in the vocabulary section of that chapter as well as in the comprehensive vocabulary list in Appendix III at the end of the book. These three forms allow one to reconstruct the rest of the forms. On occasion, however, there is no pattern to the irregularities of a verb's conjugation and in this case all of the forms will be provided and must be memorized individually.

The Verb хоте́ть:

One such highly irregular verb is хоте́ть ("to want"). Notice that it has basic stem changes as well as stress shifts throughout the paradigm in the present tense. The past tense will be formally introduced and explained in the next chapter. It is given here only for comparison with the present tense.

present tense:

я хочу́	мы хоти́м
ты хо́чешь	вы хоти́те
он хо́чет	они хотя́т

past tense:

он хоте́л	оно́ хоте́ло
она́ хоте́ла	они́ хоте́ли

The Verb быть:

In Russian the verb быть ("to be") is rather exceptional. It is not used in the present tense at all and it has completely different forms for its past and future tense forms.

infinitive: быть

present tense: none

future tense:

я	бу́ду	мы	бу́дем
ты	бу́дешь	вы	бу́дете
он	бу́дет	они	бу́дут

past tense:

он	бы́л	оно́	бы́ло
она́	была́	они́	бы́ли

Nationalities and Homelands:

As mentioned in the notes to the dialogues, the words denoting nationalities always have both a masculine and a feminine form in Russian. Listed below are the forms for some of the more common nationalities, the nouns of their countries and the adjectives of their nationalities, as well.

masculine/feminine:

америка́нец/америка́нка	American
англича́нин/англича́нка	English
армяни́н/армя́нка	Armenian
африка́нец/африка́нка	African
—евре́й/евре́йка	Jewish
израильтя́нин/израильтя́нка	Israeli
ирла́ндец/ирла́ндка	Irish
испа́нец/испа́нка	Spanish
итальЯ́нец/итальЯ́нка	Italian
кана́дец/кана́дка	Canadian
кита́ец/китая́нка	Chinese
мексика́нец/мексика́нка	Mexican

не́мец/не́мка	German
поля́к/по́лька	Pole
ру́сский/ру́сская	Russian
украи́нец/украи́нка	Ukrainain
францу́з/францу́женка	French
япо́нец/япо́нка	Japanese

country:			adjective:
Аме́рика	America		америка́нский
А́нглия	England		англи́йский
Арме́ния	Armenia		армя́нский
Изра́иль	Israel		изра́ильский
Ирла́ндия	Ireland		ирла́ндский
Испа́ния	Spain		испа́нский
Ита́лия	Italy		италья́нский
Кана́да	Canada		кана́дский
Кита́й	China		кита́йский
Ме́ксика	Mexico		мексика́нский
Герма́ния	Germany		неме́цкий
По́льша	Poland		по́льский
Росси́я	Russia		ру́сский
Украи́на	Ukraine		украи́нский
Фра́нция	France		францу́зский
Япо́ния	Japan		япо́нский

2.5   EXERCISES:

A. Put the following nouns and adjectives into the accusative case. It is not necessary to know their meanings. The masculine animate nouns are marked with an (a). (Remember to first distinguish the gender, then decide if either the noun or adjective are soft before choosing the appropriate ending.)

1. ми́лая сестра́
2. вку́сный хлеб
3. интере́сное чте́ние
4. но́вый учи́тель (а)

5. удобная кухня
6. горячий чай —
7. скучная тема
8. молодой автор (a)
9. длинное утро
10. холодная ночь

B. Provide the requested possessive pronoun for these nouns in the nominative case. Be sure to choose the appropriate gender when necessary for the noun provided and remember that его, её, их do not decline or depend on gender.

1. (my) радио
2. (your, sg) газета
3. (their) чемодан
4. (his) яблоко
5. (our) учение
6. (your, pl) море
7. (my) школа
8. (your, sg) фрукт
9. (her) чай
10. (our) страна
11. (my) ответ
12. (your, pl) бабушка
13. (your, sg) пиво
14. (their) слово

C. Give the я, ты and вы forms of the following Type I verbs. Mark stress in each form and remember the spelling rules!

1. читать
2. покупать
3. играть
4. работать
5. открывать
6. делать

Now give the он, мы and они forms.

1. знать
2. отдыхать
3. понимать
4. спрашивать
5. помогать
6. изучать

D. Give the я, ты and вы forms of the following Type II verbs. Mark stress in each form and remember the spelling rules!

1. говори́ть
2. ве́рить
3. объясни́ть
4. постро́ить
5. благодари́ть
6. извини́ть

Now give the он, мы and они forms of these Type II verbs.

1. пали́ть
2. вари́ть
3. исчи́слить
4. задари́ть
5. стро́ить
6. повтори́ть

The Choral Synagogue in St. Petersburg

CHAPTER 3

TELEPHONE CONVERSATIONS

3.1. DIALOGUES:

Listen to the following dialogues on the tape, noting where the stress falls in each word. Then read the dialogues aloud first with the tape and then a second time without it.

A.

1   Татья́на Андре́евна: Слу́шаю.
    Бори́с Петро́вич: Попроси́те,
        пожа́луйста, Татья́ну
        Андре́евну.
5   Татья́на Андре́евна: Я у телефо́на.
    Бори́с Петро́вич: Здра́вствуйте, э́то
        говори́т Бори́с Петро́вич.
        Ка́жется я нашёл ваш кошелёк.
    Татья́на Андре́евна: Сла́ва Бо́гу! Я
10   потеря́ла его́ сего́дня у́тром и
        всю́ду иска́ла. А где вы его́
        нашли́?
    Бори́с Петро́вич: В метро́ на
        ста́нции Маяко́вского.
15   Татья́на Андре́евна: Но как вы
        узна́ли, чей э́то кошелёк?
    Бори́с Петро́вич: Ва́ша фами́лия
        напи́сана внутри́ кошелка́ и
        ваш но́мер телефо́на то́же
20   здесь.
    Татья́на Андре́евна: Ах да, забы́ла. Я
        так ра́да, что вы его́ нашли́.
        Большо́е спаси́бо.

Борис Петрович: Пожалуйста. Вы
25   можете его получить у меня
here   здесь, в университете. Мой
          кабинет номер 254.

B.

1   Ольга: Алло? *Hallo*
     Андрюша: Анна, это ты?
     Ольга: Нет это не Анна. Это Ольга,
          её сестра.
5   Андрюша: Привет Ольга. Это Андрей
          из института. Как дела?
     Ольга: Хорошо, спасибо. А у тебя?
     Андрюша: Ничего. А можно Анну?
     Ольга: Анны нет дома.
10   Андрюша: Когда она будет, ты
          знаешь?
     Ольга: Нет, не знаю. Наверно, через
          час. Она в магазине. Ей что-
          нибудь передать?
15   Андрюша: Да, пожалуйста, передай,
          что я звонил ей и позвоню ещё
          раз позже.
     Ольга: Ладно, передам.
     Андрюша: Спасибо. Пока.
20   Ольга: До скорого.

3.2   NOTES ON THE DIALOGUES:

A.

1. слушаю   Literally this means "I'm
   listening," but it translates in phone
   conversations as "hello."

2. попросите   This is the imperative mood, the
   verb form used for requests or commands. It
   will be discussed more fully in Chapter 7.

3-4. Татья́ну Андре́евну   Her name here is in the accusative case, since she is the direct object of this sentence.

5. я у телефо́на   Literally this means: "I am on the phone," the Russian version of "speaking." Notice the absence of the present tense of the verb "to be."

8. ка́жется   This is an impersonal expression meaning "it seems, that... ".

znaleźć

8. нашёл   A highly irregular, but common, past tense masculine verb form, this means "I found." The infinitive is найти́ .

10. сла́ва Бо́гу!   A very common expression of relief, this phrase literally means "thank God!"

wstecz

10. его́   This is the masculine pronoun that refers back to кошелёк in the previous line.

this morning

10. сего́дня у́тром   This is a time expression with the meaning "this morning," but which translates literally as "today in the morning." Note that сего́дня is not pronounced as it is spelled, rather the г is pronounced as a в .

12. в метро́   This construction demands the prepositional case, but the word for subway does not decline as is the case for many words ending in -о or -е that are borrowed from other languages.

at

12. на (*na*)   A preposition with the meaning of "at" this word requires the prepositional case as is clear by the ending of the word ста́нции .

14. Маяко́вского   This is another genitive construction meaning literally "the station of Mayakovsky" or the "Mayakovsky metro station." Mayakovsky (1893-1930) was an avant-garde poet associated with the Futurist movement in Russia.

16. чей   This is the masculine possessive interrogative referring back to the word кошелёк.

17. фами́лия   Do not be fooled by false cognates such as this one which has nothing to do with the word "family," but rather means "surname."

18. напи́сана   This is a past passive participle form of the verb написа́ть meaning "written." Participles will be formally introduced in Chapter 19.

18. внутри́ кошелка́   The word "inside" is followed by "change purse" in the genitive. Notice it has a fleeting vowel in that case. This will be discussed in depth in a later chapter.

19. но́мер телефо́на   With the word "telephone" in the genitive case, this phrase means "the number of the phone" or "phone number."

22. ра́да   This is a short form adjective meaning "glad." It's marked with the final **a** as a feminine to agree with the speaker's gender.

25. мо́жете получи́ть   The verb мочь (to be able) is highly irregular and its conjugation is presented in the grammar section of this chapter.

25. у меня́   Here this expression means "at my place."

26. в университе́те   This is another prepositional construction, meaning "at the university."

В.

6. из институ́та   The preposition из has the meaning "from" or "out of" and requires the genitive case.

7. у тебя́   This phrase is not the possessive, but an elliptical form of asking how things are going. It refers back to как дела́ in the previous line.

8. ничего́   This is a common response with the meaning "so-so" in this context but with the literal meaning of "nothing."

8. мо́жно А́нну   This is an elliptical construction using the adverb for "may" (мо́жно) with the verb говори́ть ("to speak") left out. The person requested on the phone is the direct object and takes the accusative case.

9. А́нны нет   Remember that when a person or thing is absent or missing, it is expressed with the use of the genitive case.

12. че́рез час   This is an accusative time expression meaning "in an hour."

13. в магази́не   This is a prepositional construction meaning "at the store." Note that магази́н is another false cognate like фами́лия. It does not mean "magazine," but rather "store."

15-16. передай, что Designating a
request, this verb is in the imperative mood.
Here it is in the informal form.

3.3 VOCABULARY:

алло́	hello (on the phone)
внутри́	inside
всю́ду	everywhere
где	where
ещё раз	again
здесь	here
из + gen	from, out of
институ́т	institute
кабине́т	office
когда́	when
кошелёк	change purse
магази́н	store
метро́ (indec)	subway
мо́жно	may
ничего́	nothing
но́мер	number
пожа́луйста	please, thank you
по́зже	later
рад/-а/-о/-ы	glad/-f/-n/-pl
сего́дня	today
ста́нция	station
так	so
то́же	also, as well
университе́т	university
фами́лия	surname
час	hour
чей, чья, чьё,чьи	whose/-f/-n/-pl
че́рез + acc	in, after, across
что	what
что́-нибудь	something

Phrases:

большо́е спаси́бо	thanks very much

ка́жется	it seems
но́мер телефо́на	phone number
у телефо́на	on the phone
сего́дня у́тром	this morning
сла́ва Бо́гу	thank God
че́рез час	in an hour
э́то	this is

Verbs:

говори́ть (II)	to speak
звони́ть (II)	to call, ring up
иска́ть (ищу́, и́щешь, и́щут) (I)	to search for
мо́чь (могу́, мо́жешь, мо́гут) (I)	to be able to
найти́ (найду́, найдёшь, найду́т) (I)	to find
написа́ть (напишу́, напи́шешь, напи́шут) (I)	to write
переда́ть (переда́м, переда́шь, передаду́т)	to convey, pass along
позвони́ть (II)	to call, ring up
получи́ть (получу́, полу́чишь, полу́чат) (II)	to get, receive
попроси́ть (попрошу́, попро́сишь, попро́сят) (II)	to ask
потеря́ть (I)	to lose
слу́шать (I)	to listen
узна́ть (I)	to find out

мо gл (handwritten margin note)

3.4 GRAMMAR:

Genitive Case:

One of the most common uses of the genitive case is as a means of showing possession. For example, to express the sentence "this is the teacher's book," the

owner of the book, in this case the teacher, is placed in the genitive case: Это книга учи́теля.
Another usage of the genitive is with expressions of quantity. To refer to a part of a whole or a specific aspect of something, the genitive is used. Often when the word "of" is used in English, this signals the need for the genitive in Russian. Thus, the phrase "a piece of bread" is expressed with the word for bread in the genitive: кусо́к хле́ба.
Specific words denoting quantities also demand the genitive. Some of these are ма́ло, мно́го, немно́го, ско́лько (few, many, a little, how many) as well as the numbers two, three and four (два, три, четыре). Numbers will be discussed more thoroughly in Chapter 16. Likewise, the absence of something is often expressed in the genitive. У нас нет молока́ or "We have no milk." The direct object of a negated verb is also commonly in the genitive. Мы не зна́ем ру́сского языка́ or "We don't know Russian."

In addition, the following verbs require a direct object in the genitive case:

боя́ться	to be afraid of
жела́ть	to wish
избега́ть	to avoid
тре́бовать	to demand

Nouns:
Genitive case masculine and neuter nouns require -а / -я endings, whereas the femine take -ы / -и endings.

	hard	soft
masculine & neuter	- а	- я
feminine	- ы	- и

Adjectives:

In the case of genitive adjectival endings, remember that the masculine and neuter endings are pronounced as -ово/-ево rather than with the -г as written.

	hard	soft
masculine & neuter	-ого	-его
feminine	-ой	-ей

Compare these examples of nouns and adjectives in the nominative and genitive cases:
Remember the spelling rules (p. 6) may determine the choice of the soft or hard variant.

masculine:

ста́рый челове́к	ста́рого челове́ка
уста́лый учи́тель	уста́лого учи́теля
поле́зный слова́рь	поле́зного словаря́
си́льный геро́й	си́льного геро́я
неожи́данный гость	неожи́данного го́стя

neuter:

си́нее мо́ре	си́него мо́ря
закры́тое окно́	закры́того окна́
зелёное по́ле	зелёного по́ля
но́вое зда́ние	но́вого зда́ния
сего́дняшнее упражне́ние	сего́дняшнего упражне́ния

feminine:

ску́чная кни́га	ску́чной кни́ги
холо́дная вода́	холо́дной воды́
чёрная дверь	чёрной две́ри
интере́сная иде́я	интере́сной иде́и
мла́дшая сестра́	мла́дшей сестры́

Prepositions Used with the Genitive Case:

без	without;
близ	near;
вдоль	along;
вме́сто	instead of;
вне	outside of;
внутри́	inside of;
во́зле	near; alongside;
вокру́г	around;
впереди́	ahead of;
для	for; for the sake of;
до	before; until; up to; as far as;
из	from; out of;
из-за	because of; from behind of;
кро́ме	except; besides;
ми́мо	past; by;
накану́не	on the eve of;
о́коло	near; about;
от	from; away from
по́сле	after;
посреди́	in the middle of;
про́тив	against, opposite; opposed to;
ра́ди	for the sake of;
с, со	from; off; since;
среди́	among; in the midst of;
у	of; by; near; at; "to have;"

Genitive Case Personal Pronouns:

я	меня́	мы	нас
ты	тебя́	вы	вас
он/оно́	его́	они́	их
она́	её		

Genitive Case Interrogatives:

кто?   кого́?   что?   чего́?

Genitive Case Possessive Pronouns:

	masc	fem	neuter
sing:			
my	моего́	мое́й	моего́
your	твоего́	твое́й	твоего́
his, her, its	его́	её	его́

	masc	fem	neuter
pl:			
our	на́шего	на́шей	на́шего
your	ва́шего	ва́шей	ва́шего
their	их	их	их

Interrogative Possessive Pronoun:

The interrogative possessive pronoun чей ("whose") likewise declines according to its usage in a sentence. Unlike the other two interrogative pronouns, however, "whose" in Russian is marked for gender and number depending on what it describes. Thus, "whose cup is that" is expressed as чья это чашка? and "whose office?" as чей это кабинет?

	masc	neuter	fem	plural
nom	чей	чьё	чья	чьи
acc	чей /	чьё	чью	чьи /
inan/anim	чьего́			чьих
gen	чьего́	чьего́	чьей	чьих
dat	чьему́	чьему́	чьей	чьим
inst	чьим	чьим	чьей	чьи́ми
prep	чьём	чьём	чьей	чьих

Past Tense Verb Forms:

To form the past tense of most Russian verbs, remove the final -ть of the infinitive and add the required past tense marker depending on the gender and number of the subject. The endings are as follows:

51

masculine:	-л	neuter:	-ло
feminine:	-ла	plural:	-ли

Notice that the method is the same whether the verb is first or second conjugation.

зна́ть:
зна́+ л = он зна́л
она́ зна́ла
оно́ зна́ло
они́ зна́ли

говори́ть:
он говори́л
она́ говори́ла
оно́ говори́ло
они́ говори́ли

The stress of the past tense form is also taken from the infinitive and is constant throughout the past tense paradigm, except for some verbs in which the stress shifts to the final a in the feminine form. For example, this occurs in the past tense of the verb бы́ть ("to be"):
он бы́л, она́ была́, оно́ бы́ло, они́ бы́ли.

Future Tense Verb Forms:

The future tense of verbs is formed in two different ways depending on the aspect of the verb. Verbal aspect is a complex issue and will be dealt with in greater depth in chapter 6. For now, it is enough to know that verbs in Russian usually come in pairs of imperfective and perfective. The future tense of imperfective verbs is formed by conjugating the future tense of the verb бы́ть ("to be") and adding the imperfective infinitive.

future tense of бы́ть + imperfective infinitive:

я	бу́ду + infin
ты	бу́дешь + infin
он/а́	бу́дет + infin
мы	бу́дем + infin
вы	бу́дете + infin
они́	бу́дут + infin

For example, the future tense form of the imperfective verb чита́ть ("to read") is fully conjugated below:

я бу́ду чита́ть
ты бу́дешь чита́ть
он/а́ бу́дет чита́ть
мы бу́дем чита́ть
вы бу́дете чита́ть
они́ бу́дут чита́ть

The future tense of perfective verbs is formed by conjugating what looks like the present tense form, because the present tense form of perfective verbs actually represents the future tense. Thus, the future of the perfective verb прочита́ть is conjugated as follows:

я прочита́ю	мы прочита́ем
ты прочита́ешь	вы прочита́ете
он прочита́ет	они прочита́ют

The Verbs мочь & дать:

These two verbs мочь ("to be able") and дать ("to give") are both highly irregular but frequently used, so that their conjugations must be memorized.

present tense:

я могу́	мы мо́жем
ты мо́жешь	вы мо́жете
он мо́жет	они мо́гут

я да́м	мы дади́м
ты да́шь	вы дади́те
он да́ст	они даду́т

past tense:

он мог	он дал
она́ могла́	она́ дала́
оно́ могло́	оно́ да́ло
они́ могли́	они́ да́ли

Note that the verb переда́ть occurred in this chapter. It conjugates just like дать but with the addition of the пере- prefix. Thus, once the basic stem conjugation is learned, it often helps in the conjugation of other verbs with the same stem.

Modal Auxiliaries:

Modal auxiliaries are words that denote possibility, permission or necessity.

Мо́жно expresses possibility or permission, whereas нельзя́ has the opposite meaning of something being forbidden or impossible. Both words require a verb in the infinitive and may be used in the past or future with the addition of the necessary form of the verb быть ("to be") or the perfective future tense form.

present tense:
Мо́жно здесь кури́ть?
May one smoke here?
Нельзя́ говори́ть в библиоте́ке.
Speaking is not permitted in the library.

past tense:
Мо́жно бы́ло купи́ть биле́ты до нача́ла спекта́кля.
It was possible to buy tickets before the start of the play.
Нельзя́ бы́ло доста́ть ли́шние биле́ты.
It was impossible to get spare tickets.

future tense:
Мо́жно поговори́ть с изве́стным а́втором.
It will be possible to speak with the famous author.

Нельзя́ поговори́ть с президе́нтом.
It will not be possible to speak with the president.

The person for whom the permission is being requested is often omitted but when stated directly, he is given in the dative case.

Мо́жно нам смотре́ть э́тот фи́льм?
May we see that film?

Similar to these constructions, the modals ну́жно & на́до function in the same manner and express the necessity or obligation of having to do something.

present tense:
Моему́ бра́ту ну́жно купи́ть но́вую маши́ну.
My brother needs to buy a new car.

past tense:
Ей на́до бы́ло уйти́ ра́ньше.
She had to leave earlier.

future tense:
Мне́ ну́жно бу́дет гото́виться к э́тому экза́мену.
I will need to study for that exam.

3.5   EXERCISES:

A. Put the following adjectives and nouns into the genitive. Mark stress and don't forget the spelling rules!

1. мой дом
2. ма́ленькая шко́ла
3. интере́сная кни́га
4. си́нее о́блако
5. удо́бная ме́бель

6. большо́й музе́й
7. ста́рший сын
8. плохо́й студе́нт
9. сле́дующий ме́сяц
10. краси́вое зда́ние

B. Determine the gender of the subject in the first sentence and choose the appropriate form of the word чей. Next, put the possessor of that subject into the genitive case in the second portion of the sentence.

For example:
---- э́то кни́га? Э́то кни́га молодо́й профе́ссор.
Чья э́то кни́га? Э́то кни́га молодо́го профе́ссора.
Whose book is this? This is the young professor's book.

1. —— э́то дом? Э́то дом наш друг.
2. —— э́то перо́? Э́то перо́ его́ учи́тель.
3. —— э́то блу́зка? Э́то блу́зка краси́вая жена́.
4. —— э́то упражне́ние? Э́то упражне́ние шко́лник.
5. —— э́то слова́рь? Э́то слова́рь моя́ сестра́.

C. Form the required future tense forms of the following imperfective verbs; ex: чита́ть (она́): она́ бу́дет чита́ть.

1. говори́ть (они́)   6. слу́шать (он)
2. зна́ть (я)   7. чита́ть (мы)
3. спа́ть (мы)   8. спра́шивать (я)
4. жи́ть (ты)   9. иска́ть (они́)
5. ви́деть (вы)   10. писа́ть (она́)

D. Form the required past tense forms of the
following verbs; ex: чита́ть (они́): они́ чита́ли.

1. спа́ть (он)
2. говори́ть (она́)
3. мо́чь (они́)
4. иска́ть (оно́)

5. доста́ть (они́)
6. написа́ть (он)
7. бы́ть (она́)
8. хоте́ть (оно́)

The Mayakovsky Monument in Moscow

CHAPTER 4

SPORTS AND MUSIC

4.1   DIALOGUES: 📼

Listen to the following dialogues on the tape, noting where the stress falls in each word. Then read the dialogues aloud first with the tape and then a second time without it.

A.

1   Аркáдий Аркáдиевич: Что́ вы́ дéлаете
       по́сле рабо́ты?
     Вéра Петро́вна: Я обы́чно занимáюсь
       спо́ртом.
5   Аркáдий Аркáдиевич: Как интерéсно.
       Какúми вúдами?
     Вéра Петро́вна: Это завúсит от
       врéмени го́да. Лéтом я игрáю в
       тéннис и волейбо́л и плáваю.
10   Зимо́й я хожу́ на лы́жах и
       катáюсь на конькáх. Кру́глый
       год четы́ре рáза в недéлю я
       бéгаю.
     Аркáдий Аркáдиевич: Очевúдно вы
15   о́чень лю́бите спо́рт.
     Вéра Петро́вна: Ах да, и мой му́ж
       то́же. Он о́чень лю́бит футбо́л и
       баскетбо́л. Но он предпочитáет
       смотрéть соревновáния по
20   телевúзору. Ему́ бо́льше всего́
       нрáвится смотрéть мáтчи
       по америкáнскому футбо́лу.
     Аркáдий Аркáдиевич: За каку́ю
       комáнду он болéет?

25   Ве́ра Петро́вна: Он осо́бенно ра́дуется
        когда́ Бу́ффало би́ллс
        выи́грывает.
    Арка́дий Арка́диевич: Коне́чно!

B.

1   Юрий: Ты игра́ешь на како́м-нибудь
        инструме́нте?
    Лара: Да, когда́ я была́ ма́ленькой, я
        научи́лась игра́ть на гита́ре, а
5   тепе́рь я игра́ю на фле́йте.
    Юрий: Отли́чно! С де́тства я игра́ю
        на скри́пке, но я хочу́ на-
        учи́ться игра́ть на роя́ле та́кже.
    Лара: У тебя́ на э́то всё хвата́ет
10   вре́мени?
    Юрий: Коне́чно нет, но я стара́юсь.
    Лара: Вчера́ я была́ на о́чень
        интере́сном конце́рте в за́ле
        Чайко́вского.
15   Юрий: Что ты слу́шала там?
    Лара: Они́ исполня́ли Проко́фьева и
        Шостако́вича.
    Юрий: Как хорошо́! Жаль, что я не
        знал об э́том ра́ньше.
20   Лара: Сле́дующий раз я тебе́
        позвоню́.
    Юрий: Чуде́сно!

4.2   NOTES ON THE DIALOGUES:

A.

2. по́сле рабо́ты   The prepostion по́сле
meaning "after" requires the noun that
follows it (рабо́та) to take the genitive case.

3. занима́юсь спо́ртом   This verb requires
   a noun in the instrumental case.

6. каки́ми ви́дами   When a verb requires a
   particular case, the question words referring
   to this element are also in that same case, thus
   here they are in the instrumental.

7-8. зави́сит от вре́мени го́да   Here
   the noun requires the prepostion от which
   governs the genitive case, thereby putting
   the word вре́мя ("time") into the genitive.

9, 11. ле́том, зимо́й   To express the
   phrases "in the summer," "in the winter," the
   instrumental case is used.

8-9. игра́ю в те́ннис и волейбо́л   To
   play a sport in Russian is expressed by the
   verb игра́ть ("to play") and the prepostion
   в followed by the accusative case.

10. хожу́ на лы́жах и ката́юсь на конька́х
   Both of these are idiomatic expressions for "I
   ski" and "I skate." They are both in the
   prepositional plural which will be introduced
   in chapter 9.

12. четы́ре ра́за в неде́лю   This
   literarlly means "four times a week". After
   the numbers два, три, четы́ре (two,
   three, four) the genitive case is required. As
   in many time expressions, the accusative case
   appears after the preposition в .

19-20. по телеви́зору   "On television" is
   expressed by the prepostion по which
   requires the noun following it to be in the
   dative case.

21-22. ма́тчи по америка́нскому футбо́лу
   "Football games" is expressed by the
   construction по plus the dative. Since

"football" usually means "soccer" in European countries, football is described in Russian as "american football."

23-24. за каку́ю кома́нду   The verb боле́ть in this colloquial context with the meaning of "to support," requires the accusative: боле́ть за кого́, за что́. Note that with this meaning the verb takes Type I conjugations, whereas in its standard meaning ("to ache, hurt"), it declines as a Type II verb.

26. Бу́ффало би́ллс   Proper names are usually transliterated according to their phonetic pronunciation instead of being translated literally. Sometimes it helps to say puzzling words aloud in order to figure out that they are simply cognates of English. This odd looking name is "Buffalo Bills." Notice that it is not declined.

B.

1. игра́ешь на како́м-нибудь инструме́нте   To play an instrument is also expessed by the verb игра́ть but this time with the preposition на and the prepositional case.

3. была́ ма́ленькой   The verb бы́ть in the past tense occasionally takes the instrumental when it expresses a former or temporary state.

6. с де́тства   "Since childhood" is expressed with the preposition с and the genitive case.

8. та́кже   Та́кже is used to mean "and" when one subject is involved in two or more activities, whereas то́же is used when two or more subjects are engaged in one activity.

9-10. хвата́ет вре́мени   This verb always requires a noun in the genitive case.

12-13. была́ на интере́сном конце́рте в за́ле Чайко́вского   When the presence of someone at a location is stated, this is expressed by either the preposition на or в and the prepositional case. Чайко́вского is the proper name "Chaikovsky" in the genitive case, with the meaning: "the hall of Chaikovsky" or "Chaikovsky Hall." It takes the adjectival ending since it is a substantivized noun, that is a noun made out of an adjective form.

16-17. Проко́фьев и Шостако́вич   Sergy Prokofiev (1891-1953) and Dmitry Shostakovich (1906-75) are two well-known twentieth-century Russian composers.

19. об э́том   The preposition о is written as об when followed by a word with another vowel. It always requires the prepositional case

20-21. я тебе́ позвоню́   The verb "to call" requires an object in the dative case.

4.3   VOCABULARY:

баскетбо́л	basketball
в + acc/prep	in, at, on
вид	type, sort, aspect
вре́мя	time
волейбо́л	volleyball
вчера́	yesterday
гита́р	guitar
инструме́нта	instrument
интере́сно	interesting (adv)

интере́сный	interesting (adj)
зал	hall (lecture, music)
зима́	winter
како́й-то	some kind of
когда́	when
кома́нда	team
коне́чно	of course
конце́рт	concert
ма́тчи	games
на + acc/prep	in, at, on
о / обо + prep	about
обы́чно	usually
осо́бенно	especially
отли́чно	excellent, wonderful
очеви́дно	obviously
по́сле + gen	after
рабо́та	work
ра́ньше	earlier
раз	time, instance
роя́ль	piano
ско́ро	soon
скри́пка	violen
сле́дующий	next
спорт	sport
соревнова́ния	competition
та́кже	also
там	there
те́ннис	tennis
тепе́рь	now
то́же	too, as well
фле́йта	flute
футбо́л	football
чуде́сно	marvelous

Phrases:

бо́льше всего́	most of all
был ма́леньком/ была́ ма́ленькой	when I was young /f
в неде́лю	(in) a week
вре́мя го́да	time of year
игра́ть в + acc	to play (a sport)

игра́ть на + prep	to play (an instrument)
зимо́й	in the winter
ле́том	in the summer
как хорошо́!	how wonderful!
каки́ми ви́дами?	what kinds of...?
ката́ться на конька́х	to ice skate
кру́глый год	year-round
ма́тчи по америка́нскому футбо́лу	football games
на всё	for everything
об э́том	about that
по телеви́зору	on television
с де́тства	since childhood
сле́дующий раз	next time
хвата́ет вре́мени	is there enough time?
ходи́ть на лы́жах	to ski
четы́ре ра́за	four times

Verbs:

бе́гать (I)	to run
боле́ть (I)	to be a fan of (coll)
выи́грывать (I)	to win
де́лать (I)	to do
зави́сеть от (II)	to depend on
занима́ться (I)	to study, be occupied
игра́ть (I)	to play
исполня́ть (I)	to perform, execute
ката́ться (I)	to drive, ride, row
люби́ть (I)	to love, like
научи́ться (II)	to study
нра́виться (see 4.4)	to be to the like of,
пла́вать (I)	to swim
позвони́ть (II)	to call
ра́доваться (ра́дуюсь, ра́дуешься, ра́дуютсья) (I)	to be glad
слу́шать (I)	to listen
смотре́ть (II)	to look, watch
стара́ться (I)	to try
хвата́ть (I)	to be enough, suffice

ходи́ть (II)   to walk
хоте́ть (хочу́, хо́чешь,   to want
    хо́чет, хоти́м, хоти́те,
    хотя́т)

4.4   GRAMMAR: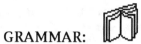

Prepositional Case:

The primary use of the prepositional case is in the
description of location. As its name implies, the
prepositional case is always found after certain
prepositions. It follows the prepositions в, н а and
о/об when signifying the location of something.

Nouns:
The formation of the prepositional case most often
entails the addition of an -е. If the noun ends in a
consonant, the -е is added to the end. With vowel
endings, the vowel is dropped before the -е is
added. With feminine nouns ending in -ь or -и я
and neuter nouns in -ие, the final letter is
dropped and an -и is added.

masculine & most neuter:	– е
neuter in -и е :	– и
most feminine:	– е
feminine in -ь, -ия:	– и

Adjectives:
The adjectival endings for masculine and neuter are
-о м/-е м and for feminine -о й/-е й.

	hard	soft
masculine & neuter:	– о м	– е м
feminine:	– о й	– е й

Compare the following nouns and adjectives in the nominative and prepositional cases:

masculine:

старый дом	в ста́ром до́ме
новый слова́рь	в но́вом словаре́*
большо́й портфе́ль	в большо́м портфе́ле
после́дний урок	на после́днем уро́ке
интере́сный музе́й	в интере́сном музе́е
сильный моро́з	на си́льном моро́зе

neuter:

высо́кое зда́ние	на высо́ком зда́нии
откры́тое окно́	в откры́том окне́
дли́нное заня́тие	на дли́нном заня́тии
зелёное по́ле	в зелёном по́ле
синее о́зеро	в си́нем о́зере
удо́бное кре́сло	на удо́бном кре́сле

feminine:

твёрдая земля́	в твёрдой земле́
ма́ленькая поду́шка	на ма́ленькой поду́шке
кра́сная дверь	в кра́сной две́ри
хоро́шая иде́я	о хоро́шей иде́е
коро́ткая жизнь	о коро́ткой жи́зни
ближа́йшая лаборато́рия	в ближа́йшей лаборато́рии

* some masculine nouns with stem-stress in the nominative shift their stress in the other cases.

Prepositions Used with the Prepositional Case:

в / во	in; at; inside of; (location)
на	on; at; on top of: (location)
о / об	about;
при	in the presence of; during the reign of;

Prepositional Case Personal Pronouns:

я	о́бо мне́	мы	о нас
ты	о тебе́	вы	о вас
он/оно́	о нём	они́	о них
она́	о ней		

Prepositional Case Interrogatives:

кто?   о ком?   что?   о чём?

Prepositional Case Possessive Pronouns:

	masc	fem	neuter
sg:			
my	моём	мое́й	моём
your	твоём	твое́й	твоём
his, her, its	его́	её	его́
pl:			
our	на́шем	на́шей	на́шем
your	ва́шем	ва́шей	ва́шем
their	их	их	их

Nouns requiring -у/-ю endings:

The following masculine nouns, usually of one syllable, take a singular prepositional case ending in -у́ or -ю́ after the prepositions в/на, rather than the usual -e ending.

на берегу́	on the shore
в виду́	in sight
в глазу́	in one's eye
в году́	in the year
в дыму́	in the smoke
на краю́	on the edge
в лесу́	in the forest
во/на льду́	in/on the ice
на лбу́	on one's forehead

на мосту́	on the bridge
в/на носу́	in/on one's nose
на полу́	on the floor
в порту́	in port
в/на пруду́	in/on the pond
в раю́	in paradise
во рту́	in one's mouth
в ряду́	in a line
в саду́	in the garden
в/на снегу́	in/on the snow
в/на углу́	in/on the corner
в часу́	in the hour
в/на шкафу́	in/on the cupboard

Nouns requiring на:

Although its basic meaning is "on," на sometimes also means "at" or "in" particularly with the following nouns that always require на rather than в in this meaning.

на бале́те	at the ballet
на конце́рте	at a concert
на спекта́кле	at a play
на у́лице	in the street
на вокза́ле	at the station
на заня́тие	in class
на уро́ке	in class
на ле́кции	at a lecture
на фа́брике	at the factory
на по́чте	at the post office
на заво́де	at the plant
на рабо́те	at work
на факульте́те	in the department
на ю́ге	in the south
на се́вере	in the north
на за́паде	in the west
на восто́ке	in the east
на Кавка́зе	in the Caucasus
на Украи́не	in Ukraine
на Ура́ле	in the Urals

Masculines in -а:

There are a small number of masculine nouns that end in what seems like the feminine ending for nouns: -а/-я. They are declined as feminine nouns, but their modifiers, past tense verb forms and pronouns remain masculine.

For example:

	man:	Borya:
nom:	мужчи́на	Бо́ря
acc:	мужчи́ну	Бо́рю
gen:	мужчи́ны	Бо́ри
prep:	мужчи́не	Бо́ре
etc		

Words such as де́душка, дя́дя, судья́, ю́ноша and masculine diminutive names such as Бо́ря, Ва́ня, Са́ша, Стёпа etc are included in this type of declension.

But remember they require masculine modifiers:
Вчера́ я ви́дела своего́ ста́рого де́душку.
Yesterday I saw my old grandfather.
Этот мужчи́на укра́л маши́ну.
That man has stolen a car.

Verbs in -ся:

Verbs that end in -ся are often referred to as "reflexive verbs" although there may not be any action directed back onto the subject. These verbs may be either Type I or II conjugation, but they require a special suffix on each of their forms. When the conjugated form ends in a vowel the ending -сь is added, otherwise the ending is -ся.

infinitive:
      стара́ться   занима́ться   учи́ться*

present tense:

я	стара́юсь	занима́юсь	учу́сь
ты	стара́ешься	занима́ешься	у́чишься
он	стара́ется	занима́ется	у́чится
мы	стара́емся	занима́емся	у́чимся
вы	стара́етесь	занима́етесь	у́читесь
они	стара́ются	занима́ются	у́чатся

*note this Type II conjugation verb receives slightly different endings because of the spelling rule restrictions.

The same principal holds true in the past tense where all forms but the masculine receive the -сь suffix:

past tense:

он стара́лся	занима́лся	учи́лся
она стара́лась	занима́лась	учи́лась
оно стара́лось	занима́лось	учи́лось
они стара́лись	занима́лись	учи́лись

The Verbs нра́вится & люби́ть:

Although close in meaning, люби́ть ("to like, love") and нра́вится ("to be appealing to") are used differently in Russian.

The person who finds something appealing is expressed in the dative case and the subject that he finds appealing is in the nominative case. Thus, the verb usually occurs only in the third person singular and plural depending on the number of subjects found appealing:

Нам нра́вится э́та кни́га.
This book appeals to us./We like this book.
Мне нра́вятся э́ти кни́ги.
These books appeal to me.
Ему́ понра́виться наш новый дом.

70

He will like our new home.
Ей понра́вился э́тот конце́рт.
She liked that concert.

When using the verb люби́ть, the person who feels the emotion is the object in the nominative case an the object loved is in the accusative as it is the direct object in the sentence. Люби́ть is a Type II verb, but the first perosn singular form has an inserted -л: люблю́.

Мы лю́бим пла́вать в океа́не.
We love to swim in the ocean.
Стёпа ра́ньше люби́л меня́.
Styopa used to love me.
На́ши де́ти бу́дут люби́ть э́ту соба́ку.
Our children will love this dog.

4.5   EXERCISES: ✒

A. Put the following nouns and adjectives into the prepositional case:

1. вчера́шняя газе́та
2. большо́й автомоби́ль
3. деревя́нный сто́л
4. изве́стная галере́я
5. но́вое изве́стие
6. мла́дший брат
7. после́дний ваго́н
8. се́верний вокза́л
9. вели́кая война́
10. сле́дующее упражне́ние

B. Keeping in mind the list of nouns that require на, provide the proper pronoun (either в or н а) for the following nouns and put them into the prepositional case:

1. шко́ла
2. теа́тр
3. библиоте́ка
4. магази́н
5. бале́т
6. фа́брика
7. восто́к
8. Москва́
9. Ло́ндон
10. зда́ние
11. Украи́на
12. кабине́т
13. ку́хня
14. по́чта
15. дом
16. у́лица
17. заня́тие
18. университе́т

C. Give the я, ты and он forms for the following reflexive verbs. Their conjugation type is provided. Remember the spelling rules!

1. ката́ться (I)
2. жени́ться (II)
3. возвраща́ться (I)
4. смея́ться (I)
5. купа́ться (I)
6. боя́тся (II)

Provide both the masculine and feminine past tense forms (он, она) for the following reflexive verbs:

1. улыба́ться
2. относи́ться
3. обижа́ться
4. влюби́ться

D. Decline the following masculines in - a :

nom: на́ш и́скренний де́душка
acc:
gen:
prep:

nom: тво́й бога́тый дя́дя
acc:
gen:
prep:

CHAPTER 5

ASKING FOR HELP

5.1 DIALOGUES:

Listen to the following dialogues on the tape, noting where the stress falls in each word. Then read the dialogues aloud first with the tape and then a second time without it.

A.

1   Светла́на Васи́льевна: Пожа́луйста, да́йте мне э́ту кни́гу, там на столе́, и я вам покажу́ ту карти́ну, кото́рую я вам
5   обеща́ла показа́ть.
    Макси́м Макси́мович: Вот она́. Я купи́л э́ту хоро́шую кни́гу весно́й когда́ я был в Ло́ндоне. Моя́ сестра́ посове́товала мне её
10   купи́ть. Она́ сказа́ла, что я никогда́ не найду́ таку́ю прекра́сную кни́гу.
    Светла́на Васи́льевна: Я согла́сна. Она́ мне о́чень нра́вится.
15   Макси́м Макси́мович: Я обеща́ю вам, что сле́дующий раз, когда́ я бу́ду в Ло́ндоне, я вам её куплю́.
    Светла́на Васи́льевна: А Ло́ндон! Мне
20   так хо́чется сама́ пое́хать туда́.
    Макси́м Макси́мович: Мо́жет быть, вам ско́ро уда́стся пое́хать.
    Светла́на Васи́льевна: Мне тру́дно пое́хать туда́ тепе́рь.

25 Максим Максимович: Почему? Вам
мешает работа?
Светлана Васильевна: Нет, дело в
том, что я помогаю моему
старому соседу. Он сломал
30 ногу и каждый день я делаю
для него покупки.
Максим Максимович: Это много
работы.
Светлана Васильевна: Нет, мне ему
35 приятно помогать. Он очень
милый человек.
Максим Максимович: Тогда хорошо.

B.

1 Наташа: Евгений, ты можешь мне
помочь?
Евгений: Конечно.
Наташа: Я занимаюсь русским
5 языком и не знаю ответ на
этот вопрос.
Евгений: Ты его не понимаешь?
Наташа: Нет, понимаю вопрос, но не
знаю ответ.
10 Евгений: Вопрос очень лёгкий. Ответ
здесь в тексте. Читай дальше
и ты его найдёшь.
Наташа: Как правильно произнести
это слово?
15 Евгений: Покажи мне, какое слово?
Наташа: Вот это длинное слово.
Евгений: Достопримечательности?
Наташа: Да, вот это! Что такое?
Евгений: Это то, что туристи
20 смотрят когда они
путешествуют.
Наташа: Теперь понятно!

5.2 NOTES ON THE DIALOGUES:

A.

2. дáйте мне э́ту The indirect object (мне) is expressed in Russian in the dative case. The verb here (дáйте) is in the imperative or command form. These forms will be introduced formally in the next chapter.

3-4. ту картѝну, котóрую Котóрый is the word for "which." It declines in all the cases like an adjective depending on the function the word it modifies has in the sentence. Here it modifies картѝну which is the direct object and is therefore in the accusative case.

5. обещáла показáть Remember that when two verbs appear consecutively, the second one is always in the infinitive. Here the meaning is "promised to show."

6. Вот онá Notice again in this construction that there is no present tense of the verb "to be," yet this sentence translates as "here it is."

10. Онá сказáла, что Here что means "that" and unlike in English, it is obligatory not optional in constructions like this one: "She said that..."

11-12. такýю прекрáсную кнѝгу Такóй means "such" and it declines in all the cases like an adjective depending on the function in the sentence of the noun it modifies.

13. согласна   This is a feminine short form adjective meaning "agree." The masculine and plural versions are согласен and согласны respectively. These types of adjectives will be discussed in Chapter 7.

20. Мне так хочется сама поехать   This is an impersonal construction with the meaning "I want so much to go myself." These types of constructions usually require a verb in -ся and an agent in the dative. See the grammar section of this chapter for more details.

27-28. дело в том, что   This is a common idiomatic expression with the meaning, "the fact is, that..."

31. для него   When prepostions such as this one end in a vowel a connective н - is added to the three third person singular and the third person plural pronouns: для него, для неё, для них.

B.

4. занимаюсь русским языком   This verb requires complements in the instrumental case.

7. ты его не понимаешь   The его here refers back to вопрос in line #6.

11. читай   Notice that this imperative or command form of the verb and the one in line #15 покажи are both in the familiar form without the -те suffix.

15. покажи мне   This verb requires the dative case for its complement.

17. достопримеча́тельности   The most
    difficult aspect of pronouncing long words in
    Russian is that non-Russians tend to stress
    more than one syllable, which throws off the
    pronunciation of the unstressed, reduced
    vowels.

5.3   VOCABULARY:

весна́	spring
вчера́	yesterday
да́же	even
день	day
для + gen	for
ка́ждый	every
карти́на	picture
кни́га	book
когда́	when
кото́рый	which
ми́лый	kind, sweet
мно́го	a lot, many
мо́жет быть	maybe, perhaps
на́до	must
никогда́	never
но́вый	new
о́чень	very
пожа́луйста	please, you're welcome
поку́пки	purchases
почему́	why
прикра́сный	fine
прия́тно	pleasant
рабо́та	work
раз	time, occasion
ру́сский	Russian
сам/сама́/са́мо/са́ми	oneself/-f/-n/-pl
ско́ро	soon

сле́дующий	next
сло́во	word
согла́сен/-на/-но/-ны	agree/-f/-n/-pl
сосе́д	neighbor
ста́рый	older
сто́л	table
так	so
тако́й	such
там	there
тепе́рь	now
тогда́	then
тру́дно	difficult
туда́	to there
хоро́ший	good
хотя́	although
челове́к	man, person
что	that
язы́к	language, tongue
э́тот/э́та/э́то/э́ти	this/-f/-n/-pl

Phrases:

весно́й	in the spring
вот	here is
вчера́ ве́чером	last night
де́лать поку́пки	to go shopping
де́ло в том	the thing is...
ка́ждый де́нь	every day

Verbs:

да́ть (да́м, да́шь, да́ст, дади́м, дади́те, даду́т)	to give
де́лать (I)	to do
занима́ться (I)	to be occupied with
зна́ть	to know
купи́ть (куплю́, ку́пишь, ку́пят) (II)	to buy
меша́ть (I)	to prevent, disturb
найти́ (найду́, найдёшь, найду́т) (I)	to find
обеща́ть (I)	to promise (imper)
отвеча́ть (I)	to reply, respond
пое́хать (пое́ду, пое́дешь, пое́дут) (I)	to drive, go

показа́ть (see 5.4)	to show
помога́ть (I)	to help (imper)
помо́чь (помогу́, помо́жешь, помогу́т) (I)	to help (perf)
понима́ть (I)	to understand
произнести́ (произнесу́, произнесёшь, произнесу́т) (I)	to pronounce
путеше́ствовать (I)	to travel
сказа́ть (see 5.4)	to say
слома́ть (II)	to break
смотре́ть (смотрю́, смо́тришь, смо́трят) (II)	to see
уда́ться (see 5.4)	to succeed, manage
чита́ть (I)	to read

5.4   GRAMMAR:

Dative Case:

The primary use of the dative case is to express the indirect object in a sentence. It is also used in impersonal constructions which will be introduced and discussed later in this chapter.

Several prepositions, given below, take the dative case. In addition, a number of verbs require an object in the dative case, even when this object is negated. A sampling of such verbs can be found in the dialogues of this chapter and a more complete list is found below.

Verbs that require the dative case:

помога́ть/помо́чь*	to help
зави́довать	to envy
обеща́ть/пообеща́ть	to promise

сочу́вствовать	to sympathize
учи́ться/научи́ться	to study, learn
нра́виться/ понра́виться	to like, please
меша́ть/помеша́ть	to bother
отвеча́ть/отве́тить	to answer
сове́товать/ посове́товать	to advise
дава́ть/да́ть	to give
пока́зывать/показа́ть	to show

*If paired, the first verb represents the imperfective one and the second, the perfective.

Nouns:

The formation of the dative case requires what looks like feminine accusative endings -у/-ю for the masculine and neuter nouns and what looks like prepositional endings -е/-и for the feminine. You can tell the difference between the endings in the masculine/neuter, however, by looking at the adjectival endings, which are unique to the dative case.

	hard	soft
masculine & neuter	-у	-ю
feminine	-е	-и

Adjectives:

	hard	soft
masculine & neuter	-ому	-ему
feminine	-ой	-ей

Compare the following examples of nouns and adjectives in the nominative and dative cases:

masculine:

ста́рый челове́к	ста́рому челове́ку
ру́сский слова́рь	ру́сскому словарю́
хоро́ший геро́й	хоро́шему геро́ю
плохо́й студе́нт	плохо́му студе́нту

neuter:

иностра́нное сло́во	иностра́нному сло́ву
зелёное по́ле	зелёному по́лю
удо́бное кре́сло	удо́бному кре́слу
у́тренее упражне́ние	у́треннему упражне́нию

feminine:

си́няя ю́бка	си́ней ю́бке
краси́вая пло́щадь	краси́вой пло́щади
хоро́шая кни́га	хоро́шей кни́ге
ма́ленькая лаборато́рия	ма́ленькой лаборато́рии

Prepositions Used with the Dative Case:

благодаря́	thanks to;
к	to; towards;
по	around; according to; on;

Dative Case Personal Pronouns:

я	мне	мы	нам
ты	тебе́	вы	вам
он / оно́	ему́	они́	им
она́	ей		

Dative Case Interrogatives:

кто?	кому́?	что?	чему́?

Dative Case Possessive Pronouns:

	masc	fem	neuter
sg:			
my	моему́	мое́й	моему́
your	твоему́	твое́й	твоему́
his, her, its	его́	её	его́

81

pl:

our	на́шему	на́шей	на́шему
your	ва́шему	ва́шей	ва́шему
their	их	их	их

Impersonal Constructions:

Impersonal constructions of state or condition are expressed with a noun or pronoun in the dative case and an adjective in the short form neuter, that is with an -o ending. For example, мне хо́лодно where the literal meaning is "to me it is cold." In the present tense there is no verb; the past and future tenses of these constructions are formed with the use of the neuter past tense (бы́ло) or third person singular future (бу́дет) of the verb бы́ть ("to be").

present tense:
Мне ве́село.
I am happy.
Ива́ну ску́чно.
Ivan is bored.
Им интере́сно.
They are interested.

past tense:
А́нне бы́ло ве́село.
Тебе́ бы́ло ску́чно.
Андре́ю бы́ло интере́сно.

future tense:
И́горю бу́дет ве́село.
На́м бу́дет ску́чно.
О́льге бу́дет интере́сно.

Impersonal constructions may also be formed with certain verbs, such as хоте́ться, удава́ться/уда́тсья, каза́ться and an agent in the dative case. As a result, these verbs usually occur in the present tense in either the third person singular or plural and in the past tense only in the neuter.

Ему́ ка́жется, что он уже чита́л э́ту кни́гу.
It seems to him that he's already read this book.

Мне показа́лось, что она́ не вы́учила свою́ ро́ль.
It seemed to me that she hadn't learned her role.

Ма́рии удаётся де́лать всё.
Maria manages to do everthing.

На́м удало́сь купи́ть ли́шние биле́ты.
We managed to buy spare tickets.

Мне́ хо́чется спа́ть.
I feel like sleeping.

Алекса́ндру хоте́лось пе́ть.
Alexander wanted to sing.

Demonstrative Pronouns:

The words for "this" (э́тот/э́та/э́то/э́ти) and "that" (то́т/та́/то́/те́) in Russian express gender and decline in all of the cases just like adjectives. Note that э́то should not be confused with the э́то which means "this is" and does not decline or express gender. Although the two look alike, the difference in meaning will be noticable and obvious from context and usage.

	masc	fem	neuter	plural
nom	э́тот	э́та	э́то	э́ти
gen	э́того	э́той	э́того	э́тих
acc (anim	э́того/	э́ту	э́то	э́тих/
/inan)	э́тот			э́ти
dat	э́тому	э́той	э́тому	э́тим
inst	э́тим	э́той	э́тим	э́тими
prep	э́том	э́той	э́том	э́тих

	masc	fem	neuter	plural
nom	тот	та	то	те
gen	того́	той	того́	тех
acc (anim /inan)	того́ / тот	ту	то	тех / те
dat	тому́	той	тому́	тем
inst	тем	той	тем	те́ми
prep	том	той	том	тех

Verbs in -овать/-евать:

Verbs that end in -овать or -евать in the infinitive have a unique conjugation pattern. In the present tense the suffix is dropped, an -у is added and the usual Type I conjugation endings are added. Notice that if the stress falls on the part that is dropped, the stress marker falls on the -у throughout the conjugated forms:

infinitive:

сове́товать	танцева́ть	радова́ться

present:

сове́тую	танцу́ю	раду́юсь
сове́туешь	танцу́ешь	раду́ешься
сове́тует	танцу́ет	раду́ется
сове́туем	танцу́ем	раду́емся
сове́туете	танцу́ете	раду́етесь
сове́туют	танцу́ют	раду́ются

In the past tense, the -овать/-евать is not dropped and the forms are created from the infinitive in the regular way:

сове́товал	танцева́л	радова́лся
сове́товала	танцева́ла	радова́лась
сове́товало	танцева́ло	радова́лось
сове́товали	танцева́ли	радова́лись

Future tense forms are also formed in the regular fashion with the conjugated future tense forms of the verb "to be" and the infinitive of the -овать/-евать verb:

я	бу́ду	сове́товать
ты	бу́дешь	сове́товать
он	бу́дет	сове́товать
мы	бу́дем	сове́товать
вы	бу́дете	сове́товать
они	бу́дут	сове́товать

Verbs in -авать:

Similarly, verbs that have a stem in -авать drop the -ва- and conjugate as Type I verbs. You can find the full conjugation in the chart below.

Once you learn the conjugation pattern of a particular verbal stem, you will find that you can conjugate many other verbs with the same basic form. For example, by learning the pattern for the imperfective and perfective verb pair, дава́ть/дать, you are also able to conjugate these other similar verbs by simply adding either the prefix за- or у- and the -ся suffix.

present tense:

	дава́ть	задава́ть	удава́ться*
я	даю́	задаю́	— — —
ты	даёшь	задаёшь	— — —
он	даёт	задаёт	удаётся
мы	даём	задаём	— — —
вы	даёте	задаёте	— — —
они	даю́т	задаю́т	удаю́тся

* the first and second person forms are not used.

past tense:

он	дава́л	задава́л	удава́лся
она́	дава́ла	задава́ла	удава́лась
оно́	дава́ло	задава́ло	удава́лось
они́	дава́ли	задава́ли	удава́лись

future tense:

я	бу́ду дава́ть	мы	бу́дем дава́ть
ты	бу́дешь дава́ть	вы	бу́дете дава́ть
он	бу́дет дава́ть	они́	бу́дут дава́ть

Remember that there is no present tense for perfective verbs, so that what looks like the present tense conjugation is actually the future tense form. Note that even the unusual stress shift in the perfective forms remains the same among the verbs.

future tense:

	да́ть	зада́ть	уда́ться*
я	да́м	зада́м	— — —
ты	да́шь	зада́шь	— — —
он	да́ст	зада́ст	уда́стся
мы	дади́м	задади́м	— — —
вы	дади́те	задади́те	— — —
они́	даду́т	зададу́т	удаду́тся

* the first and second person forms are not used.

past tense:

он	да́л	за́дал	уда́лся
она́	дала́	задала́	удала́сь
оно́	да́ло	за́дало	удало́сь
они́	да́ли	за́дали	удали́сь

The Verb сказа́ть:

The verb сказа́ть and the verbs показа́ть & каза́ться have a similar conjugation, since they share a common stem.

Показа́ть is a perfective verb, so the following paradigm represents its future tense form, сказа́ть & каза́ться are both imperfective, therefore these are their present tense conjugations. Their future tense forms are created in the regular manner with the future tense forms of the verb "to be" and the infinitive form of the imperfective verb.

	сказа́ть	показа́ть	каза́ться
я	скажу́	покажу́	кажу́сь
ты	ска́жешь	пока́жешь	ка́жешься
он	ска́жет	пока́жет	ка́жется
мы	ска́жем	пока́жем	ка́жемся
вы	ска́жете	пока́жете	ка́жетесь
они́	ска́жут	пока́жут	ка́жутся
он	сказа́л	показа́л	каза́лся
она́	сказа́ла	показа́ла	каза́лась
оно́	сказа́ло	показа́ло	каза́лось
они́	сказа́ли	показа́ли	каза́лись

5.5 EXERCISES:

A. Put the following list of nouns and adjectives into the dative case.

1. сего́дняшняя газе́та
2. гря́зный сту́л
3. сове́тская кни́га

4. коро́ткое письмо́
5. тру́дное зада́ние
6. мла́дший бра́т
7. высо́кая ба́шня
8. незнако́мый гость
9. ма́ленький музе́й
10. бы́стрый по́езд

B. Form the present tense second person singular
(т ы) and third person plural (о н и́) of the
following -овать verbs:

1. зави́довать
2. интересова́ться
3. целова́ть
4. жа́ловаться
5. путеше́ствовать

Now form the past plural (они́) forms of these
-о в а т ь verbs:

1. любова́ться
2. арестова́ть
3. интересова́ться
4. фотографи́ровать

C. Now that you know the stem pattern for these
irregular verbs, form the second person singular
(ты), third person plural (о н и́) and masculine
past tense (он)   forms.

1. рассказа́ть
2. признава́ться
3. отда́ть
4. доказа́ть
5. раздо́ть

D. Put the nominative case noun or pronoun into the dative case to correctly complete the impersonal construction:

———— бы́ло тепло́. ——— felt warm.

1. Анто́н	6. Ве́ра	11. мой брат
2. она́	7. ты	12. Юрий
3. они́	8. он	13. ва́ша сестра́
4. мы	9. Ива́н	14. Све́та
5. Ли́дия	10. я	15. Андре́й

Monument to Chaikovsky in Moscow

CHAPTER 6

SCHOOL AND PROFESSIONS

6.1 DIALOGUES: 📼

Listen to the following dialogues on the tape, noting where the stress falls in each word. Then read the dialogues aloud first with the tape and then a second time without it.

A.

1   Дми́трий Константи́нович:
        Здра́вствуйте! Так рад вас
        ви́деть! Как вы пожива́ете?
    Ксе́ния Влади́мировна: Хорошо́, а вы?
5   А ва́ши де́ти? Они́ ещё живу́т
        вме́сте с ва́ми?
    Дми́трий Константи́нович: Что вы!
        Они́ уже́ взро́слые.
    Ксе́ния Влади́мировна: Что они́
10   тепе́рь де́лают? Они́ поступи́ли
        в университе́т?
    Дми́трий Константи́нович: Да, Яков
        учи́лся на юриди́ческом
        факульте́те, а Са́ша учи́лась на
15   физи́ческом. Но Яков уже́
        око́нчил университе́т. Он
        рабо́тает адвока́том. И Са́ша
        поступи́ла в аспиранту́ру. Она́
        тепе́рь пи́шет диссерта́цию и
20   бу́дет защища́ть её че́рез ме́сяц
        и́ли два.
    Ксе́ния Влади́мировна: И тогда́?
    Дми́трий Константи́нович: По́сле
        оконча́нии аспиранту́ры она́

ста́нет профе́ссором.
Ксе́ния Влади́мировна: Отли́чно!
Дми́трий Констани́нович: Да, я о́чень
горжу́сь свои́ми детьми́.

B.

1 Ва́ля: Чем ты занима́ешься, То́ля?
То́ля: Ниче́м. Я тепе́рь отдыха́ю.
Ва́ля: Почему́ тебе́ на́до отдыха́ть?
То́ля: Потому́ что семе́стер то́лько
5 что зако́нчился и я о́чень уста́л.
Ва́ля: Каки́е предме́ты ты изуча́л?
То́ля: Я учу́сь на истори́ческом
факульте́те, так что бо́льше
всего́ я слу́шаю ле́кции по
10 исто́рии, но я та́кже изуча́ю
кита́йский язы́к и литерату́ру.
Ва́ля: Кита́йский язы́к тру́дный?
То́ля: Нет, но, как ты зна́ешь,
изуче́ние языка́ требу́ет мно́го
15 вре́мени.
Ва́ля: Соверше́нно ве́рно. Ты уже́
сдава́л экза́мены?
То́ля: Не то́лько сдава́л, но и сда́л!
Ва́ля: Отли́чно! Тогда́ ты до́лжен
20 отдыха́ть.

6.2 NOTES ON THE DIALOGUES:

A.

7. Что вы!   An exclamation of surprise or indignation, this is roughly equivalent in English to "what do you mean!?"

8. взро́слые   The plural adjectival ending for hard stems is -ые.

13-14. учи́лся на юриди́ческом факульте́те
To study in a particular department is expressed with the verb учи́ться, the preposition на and the prepositional case.

17. он рабо́тает адвока́том To work at some profession is expressed with the name of the profession in the instrumental case

20-21. че́рез ме́сяц или два
Че́рез is a preposition commonly used in time expressions to mean "in" or "over" a specified amount of time.

24. по́сле оконча́нии аспиранту́ры
Remember that по́сле is a preposition that requires the genitive case. This phrase means: "after the completion of graduate work."

25. она́ ста́нет профе́ссором The past and future tense of the verbs ста́ть and бы́ть often take a complement in the instrumental when used as a linking verb. See Chapter 14 for more details.

28. горжу́сь свои́ми детьми́ The verb горди́ться ("to be proud") requires a complement in the instrumental.

B.

2. ниче́м This is the instrumental form of the word for "nothing." See the complete chart of the conjugated forms of this word in the grammar section of this chapter.

6. Каки́е предме́ты ты изуча́ешь? The direct object here, каки́е предме́ты, is in the accusative plural.

9-10. слу́шаю ле́кции по исто́рии
In Russian one "hears lectures" instead of "takes courses" as in English. When types of courses are listed, they are expressed with the preposition п о and the dative case.

14-15. мно́го вре́мени   Remember that the adverb мно́го requires the genitive case. The word for time (вре́мя), however, has an unusal pattern of declension which will be given in Chapter 9.

18. сдава́л   This imperfective verb has the meaning of "to take an exam." Its perfective pair, found in line #19, means "to pass an exam."

18. экза́мены?   This is another direct object in the accusative plural. The plural forms of all cases will begin being formally introduced in the next chapter.

19. не то́лько сдава́л, но и сдал!   Note how important a knowledge of the difference between perfective and imperfective is in the translation of and subsequent understanding of this sentence: "not only did I take them, but I passed them!"

6.3 VOCABULARY:

адвока́т	lawyer
аспиранту́ра	graduate studies
ва́ши	your (pl)
ве́рно	true
взро́слые	grown up
вме́сте	together
диссерта́ция	dissertation
до́лжен/должна́	should/-f

изуче́ние	studies
и́ли	or
истори́ческий	historical
кита́йский	Chinese (adj)
ле́кция	lecture, class
литерату́ра	literature
ме́сяц	month
мно́го + gen	a lot, many
ниче́м	nothing (inst)
оконча́ние	completion
отли́чно	marvelous, excellent
по + dat	according to, on, around
почему́	why
потому́ что	because
предме́т	subject
профе́ссор	professor
свои́	one's own (pl)
семе́стр	semester
соверше́нно	absolutely, completely
твои́	your (pl)
университе́т	university
уста́л	tired (m)
факульте́т	department
физи́ческий	physics
чем	what (inst)
че́рез + acc	in, over the course of
экза́мен	exam
юриди́ческий	legal, law
язы́к	language

Phrases:

бо́льше всего́	more than anything
ле́кция по исто́рии	class in history
но и	but also
око́нчить университе́т	to graduate from college

поступи́ть	to enter graduate
в аспиранту́ру,	school
в университе́т	college
рабо́тать адвока́том	to be a lawyer
с ва́ми	with you (pl)
слу́шаю ле́кции	take classes
соверше́нно ве́рно	absolutely true!
так что	so that
что вы!	what do you mean?!

Verbs:

ви́деть (ви́жу, ви́дишь, ви́дят) (II)	to see
горди́ться (горжу́сь, горди́шься, гордя́тся) (II)	to be proud
зако́нчиться (II)	to finish
защища́ть (I)	to defend
изуча́ть (I)	to study
око́нчить (II)	to complete
отдыха́ть (I)	to rest, relax
писа́ть (пишу́, пи́шешь, пи́шут) (I)	to write
поступи́ть (II)	to enter, start
рабо́тать (I)	to work
сда́ть (like да́ть)	to pass
сдава́ть (like дава́ть)	to pass
слу́шать (I)	to hear
ста́ть (ста́ну, ста́нешь, ста́нут) (I)	to become
тре́бовать (I)	to demand
учи́ться на/в (II)	to study (in, at)

6.4 GRAMMAR:

Instrumental Case:

As its name implies, the instrumental case is used to denote the instrument or performer of an action.

For example:

Он писа́л письмо́ карандашо́м.

He wrote the letter using a pencil.

Мы е́здили туда́ автомоби́лем.

We drove there by car.

In addition, there are a number of verbs and prepositions that demand the instrumental case.

занима́ться	to study
по́льзоваться	to use
интеросова́ться	to be interested
горди́ться	to be proud of
бы́ть	to be
станови́ться/ста́ть	to become
возвраща́ться/верну́ться	to return
остава́ться/оста́ться	to remain

Formation of the Instrumental Case:

Nouns:

Masculine and neuter nouns in the instrumental case take an -ом/-ем ending. Regular feminine nouns require an -ой/-ей ending, whereas feminine's ending in -ь add an ю to their ending.

	hard	soft
masc/neuter:	-ом	-ем
feminine:	-ой	-ей
fem in -ь:		-ью

Adjectives:

Adjectival endings in the instrumental are -ым/ -им for masculine and neuter and -ой/-ей for feminine. Note that the feminine nominal and adjectival endings in this case are the same.

	hard	soft
masc/neuter:	-ым	-им
feminine:	-ой	-ей

Compare these nouns and adjectives in the
nominative and instrumental cases:

masculine:

но́вый учи́тель	но́вым учи́телем
сего́дняшний хлеб	сего́дняшним хле́бом
изве́стный ге́ний	изве́стным ге́нием
ста́рший брат	ста́ршим бра́том

neuter:

откры́тое окно́	откры́тым окно́м
си́нее мо́ре	си́ним мо́рем
хоро́шее уче́ние	хоро́шим уче́нием
дли́нное упражне́ние	дли́нным упражне́нием

feminine:

си́няя ру́чка	си́ней ру́чкой
кра́сная пло́щадь	кра́сной пло́щадью
бы́страя маши́на	бы́строй маши́ной
незнако́мая фами́лия	незнакомой фами́лией

Prepositions that Use the Instrumental Case:

за	behind (location);
ме́жду	between;
над	above; over;
пе́ред	in front of; just before;
под	under (location);
с/со	with;
ря́дом с	right next to;

Instrumental Case Pesonal Pronouns:

я	мно́й	мы	на́ми
ты	тобо́й	вы	ва́ми
он/оно́	им	они	и́ми
она́	ей		

Instrumental Case Interrogatives:

кто?   кем?   что?   чем?

Instrumental Case Possessive Pronouns:

	masc	fem	neuter
sg:			
my	мои́м	мое́й	мои́м
your	твои́м	твое́й	твои́м
his, her, its	его́	её	его́
pl:			
our	на́шим	на́шей	на́шим
your	ва́шим	ва́шей	ва́шим
their	их	их	их

Negative Pronouns:

The words for "no one" and "nothing" in Russian decline like the interrogatives from which they are formed. Note that when a preposition is used (as in the prepositional case), it is inserted between them.

	no one:	nothing:
nom	никто́	ничто́
acc	никого́	ничто́
gen	никого́	ничего́
dat	никому́	ничему́
inst	нике́м	ниче́м
prep	ни о ко́м	ни о чём

До́лжен:

To express the concept of obligation or requirement ("should") in Russian one uses some form of the word до́лжен:

masc: я, ты, он до́лжен + infinitive
fem: я, ты, она́ должна́ + infinitive

neut: оно́ должно́ + infinitive
pl: они́ должны́ + infinitive

The past and future tenses are formed with the appropriate form of the verb "to be."

Он до́лжен был пойти́.
He should have gone.
Она́ должна́ была́ пойти́.
She should have gone.
Они́ должны́ бы́ли пойти́.
They should have gone.
Я до́лжен/должна́ бу́ду пойти́.
I should go.
Ты до́лжен/должна́ бу́дешь пойти́.
You should go.

Verbal Aspect:

Since there are only three tenses (present, past and future) in Russian, verbs are also marked for aspect. As mentioned earlier, most verbs occur in pairs: one imperfective and one perfective, each with its own conjugation and stress pattern.

Imperfective verbs usually describe:
1). activity in progress without mention of completion or cessation.
She's reading a book. Она́ чита́ет кни́гу.
2). activity spoken of generally, without mention of specifics. I like to write. Я люблю́ писа́ть.
3). activities that are performed routinely or repeatedly. We eat breakfast every day at seven.
Мы за́втракаем ка́ждый де́нь в се́мь ча́сов.

Perfective verbs usually describe:
1.) activity that is completed or will be completed.
I read that book yesterday.
Вчера́ я прочита́ла э́ту кни́гу.
He wrote a letter last night.
Вчера́ ве́чером он написа́л письмо́.

From these examples you can see that the imperfective pairs for the verbs to write (писа́ть/написа́ть) and to read (чита́ть/прочита́ть) are quite similar, differing only in a prefix. Although most pairs show some resemblance, some pairs are made up of totally dissimilar words. For example the imperfective and perfective pair meaning "to take" is бра́ть/взя́ть. In addition, sometimes these pairs have only various aspectual differences, while in other cases the aspectual pair carry quite dissimilar meanings. An example of this can be found in the verbs сдава́ть/сда́ть ("to take"/"pass an exam"), from the dialogues of this chapter.

Imperfective and perfective verbs will be identified accordingly in the comprehensive verb list (Appendix III).

Verbs of Learning and Teaching:

There are a variety of different verbs to express the various nuances of learning and teaching. They are not interchangeable and each one requires its own particular grammatical construction which must be learned in order to use these verbs correctly.

учи́ть/научи́ть   (II): to teach
(на)учу́, (на)у́чишь, (на)у́чит, (на)у́чим, (на)у́чите, (на)у́чат
When used as "to teach" the individual being taught is in the accusative case and the subject being taught is in the dative case or appears as an infinitive. The person(s) being taught must be specified when using this verb.

Он у́чит нас неме́цкому языку́.
He is teaching us German.
Андре́й научил меня́ танце́вать.
Andrey taught me how to dance.

учи́ть/вы́учить (II): to learn or memorize
(вы́)учу́, (вы́)у́чишь, (вы́)у́чит, (вы́)у́чим,
(вы́)у́чите, (вы́)у́чат
When used as "to learn" the subject being learned is
in the accusative. The perfective form (вы́учить)
has the meaning of "to have memorized" and is
always stressed on the prefix.

Актри́са вы́учила ро́ль.
The actress learned her role.
Ученики́ у́чат новые слова́.
The students learn the new words.

преподава́ть (I): to teach
преподаю́, преподаёшь, преподаёт,
преподаём, преподаёте, преподаю́т
This verb, which appears only in the imperfective,
requires the person being taught to be in the dative
and the subject matter in the accusative. The
person(s) being taught may be implied and do not
have to be specified when using this verb.

Джин преподаёт студе́нтам испа́нский
язы́к.
Jean teaches students Spanish.
И́горь преподава́л в Росси́и.
Igor taught in Russia.

учи́ться/научи́ться (II): to learn, to study, to go
to school.
(на)учу́сь, (на)у́чишься, (на)у́чится,
(на)у́чимся, (на)у́читесь, (на)у́чатся
When using this verb, the subject matter being
learned must be in the dative or may be expressed
with an infinitive. If a place of instruction is
specified it is in the prepositional. If a teacher is
specified with this verb, he is expressed with the
preposition у and the genitive case.

Мы у́чимся ру́сскому языку́.
We are studying Russian.
Моя́ сестра́ научи́лась води́ть маши́ну у
на́шего ста́ршего бра́та.
My sister learned to drive from our older brother.

изуча́ть (I) /изучи́ть   (II): to study something
more in depth, at a higher level.
изуча́ю, изуча́ешь, изуча́ет, изуча́ем,
изуча́ете, изуча́ют/изучу́, изу́чишь,
изу́чит, изу́чим, изу́чите, изу́чат
The subject or field studied is in the accusative.

Она́ изуча́ет исто́рию в университе́те.
She studies history at the University.
Евге́ний изуча́л фи́зику в аспиранту́ру.
Evgeny studied physics in graduate school.

занима́ться (I): to be occupied with, to study or
work on something (in general).
занима́юся, занима́ешься, занима́ется,
занима́емся, занима́етесь, занима́ются
This verb requires a subject of activity or study in
the instrumental or a location in the prepositional.

Мы занима́емся в библоте́ке.
We study in the library.
Они́ занима́ются италья́нским языко́м.
They are studying Italian.

6.5   EXERCISES: 🖉

A. Put the following nouns and adjectives into the
instrumental case:

1. ле́тняя шко́ла
2. о́стрый сыр

3. ну́жная опера́ция
4. краси́вое лицо́
5. бе́лый дом
6. безопа́сная соба́ка
7. дли́нное безмо́лвие
8. ужа́сная ава́рия
9. уста́лый аспира́нт
10. чёрное перо́

B. Form the necessary version of the word до́лжен to agree with the following nouns or pronouns. Remember there may be more than one correct answer for some of them.

1. она́	7. на́ши роди́тели
2. мы	8. ты
3. Ива́н	9. ваш учи́тель
4. А́нна	10. Ири́на
5. вы	11. Анто́н
6. я	12. они́

C. Read the following sentences and decide if they would require either imperfective or perfective verbs in Russian translation, based on the rules given in this chapter.

1. Ed always goes south in the winter.
2. Nancy arrived in Albany at nine pm.
3. Rebecca loves Dostoevsky.
4. Stephen moved to Israel.
5. It rains here every day in the spring.
6. Jean thinks that London is a marvelous city.
7. Julie finally finished reading *War and Peace.*
8. Melanie goes to the library on a weekly basis.
9. Christine is doing her chemistry lab.
10. Candice is seven years old.

D. Put the subjects and objects in the correct cases depending on the verb used and the cases it requires.

1. Мы занима́емся (спорт).
2. Он у́чит (мы) (кита́йский язы́к).
3. Я изуча́ю (астроно́мия).
4. Она́ научи́ла (он) пла́вать.
5. Мари́я преподаёт (ру́сский язы́к).
6. Мать у́чит (сын) ходи́ть.
7. Де́ти у́чатся (матема́тика).
8. Бори́с у́чится в (Моско́вский
   университе́т).
9. Ма́льчики вы́учили (уро́к).
10. Вы изучи́ли (э́та пробле́ма)?

Moscow State University

CHAPTER 7

FOOD AND DRINK

7.1 DIALOGUES: 🔳

Listen to the following dialogues on the tape, noting where the stress falls in each word. Then read the dialogues aloud first with the tape and then a second time without it.

A.

1   Фёдор Михайлович: Тамара Львовна! Сколько лет, сколько зим!
     Тамара Львовна: Здравствуйте, Фёдор Михайлович! Какой
5   сюрприз! Почему вы здесь без жены? Лидия Егоровна больна?
     Фёдор Михайлович: Нет, она занята сегодня и у нас ничего нет на ужин, поэтому мне пришлось
10   кое-чего купить.
     Тамара Львовна: Что вы хотите приготовить?
     Фёдор Михайлович: Не знаю. Что вы предлагаете?
15   Тамара Львовна: Сначала давайте посмотрим, что у них есть. В этом продовольственном магазине много разных отделов. Начнём с хлебного отдела.
20   Фёдор Михайлович: Нам не надо хлеба. У нас уже есть.
     Тамара Львовна: Тогда начнём с мясного отдела.
     Фёдор Михайлович: Смотрите, какие

25 больши́е у́тки! Я куплю́ одну́
у́тку.
Тама́ра Льво́вна: А я куплю́ э́ти
котле́ты.
Фёдор Миха́йлович: Что ещё?
30 Тама́ра Льво́вна: Овощи зде́сь не
о́чень све́жие. Лу́чше покупа́ть
их на ры́нках. А вам на́до
молоко́, ма́сло или я́йца?
Фёдор Миха́йлович: Наве́рно да.
35 Тама́ра Льво́вна: И ещё вам что-то
сла́дкое, да?
Фёдор Миха́йлович: Ах да. Здесь
мо́жно купи́ть како́й-нибудь
торт?
40 Тама́ра Льво́вна: Да вот они́.
Фёдор Миха́йлович: По-мо́ему, это
всё. Большо́е вам спаси́бо,
Тама́ра Льво́вна.
Тама́ра Льво́вна: Пожа́луйста.
45 Переда́йте приве́т Ли́дии
Его́ровне и прия́тного аппети́та!

В.

1 Ка́тя: Смотри́, кака́я замеча́тельная
пого́гда сего́дня! Дава́й пое́дем
на пикни́к.
Бо́ря: Кака́я хоро́шая иде́я! Мы
5 проведём суббо́ту за́ городом.
Ка́тя: Позвони́ Серге́ю и Та́не и
спроси́ хотя́т ли они́ пое́хать с
на́ми.
Бо́ря: Ла́дно. Ты хо́чешь, что́бы они́
10 что-то привезли́?
Ка́тя: Нет, у нас есть всё что на́до:.
сыр, хлеб, колбаса́ и ры́ба,
я́блоки, коро́бка конфе́т и
пече́нья.
15 Бо́ря: А вино́ есть?
Ка́тя: Да, да. У нас буты́лка
вку́сного грузи́нского ви́на.

Бо́ря: Великоле́пно!

Ка́тя: Скажи́ Серге́ю и Та́не, что мы
20   встре́тимся на вокза́ле в де́сять
часо́в. И не забу́дь напо́мнить
им привезти́ их купа́льные
костю́ми.

Бо́ря: Ты не ду́маешь что вода́ ещё
25   сли́шком хо́лодна?

Ка́тя: Хо́лодна или нет, уже́ ле́то и
мне хо́чется пла́вать!

7.2 NOTES ON THE DIALOGUES:

A.

2. Ско́лько ле́т, ско́лько зи́м!   This is an idiom or set expression with a figurative meaning equivalent to "long time no see!"

6. больна́?   Short-form adjectival forms such as this act as part of the predicate instead of as modifiers like the long-form ones. This word has the meaning here of "is sick."

9. мне пришло́сь   This is an impersonal expression like those introduced in the last chapter with the meaning here of "I had to..."

15-16. дава́йте посмо́трим   This type of construction with the imperative form of the verb дава́ть and the first person plural of the verb expresses the idea of "let's ... ." In this case, "let's see."

19. начнём   When a verb appears like this in the first person plural, the imperative form of the verb дава́ть is understood.

24. смотри́те This verb is in the imperative or command form so that it expresses the sentiment: "look!" The formation of imperatives is discussed in the grammar section of this chapter.

31. лу́чше Literally meaning "better," this is the comparative form of the word хоро́ший, but here it performs a predicative role meaning "it is better... ."

35-36. что-то сла́дкое Notice again that the generic modifier что-то agrees in case and gender with the adjective it describes.

44. переда́йте приве́т Ли́дии Его́ровне As in English, the phrase "give my regards" is formed using an imperative form of the verb. Переда́ть, like дать, requires the recipient to be in the dative case.

45. прия́тного аппети́та! This is another common set expression with the meaning equivalent to "bon appetit!" It appears in the genitive case because it is in an elliptical form here. The full phrase is я жела́ю вам прия́тного аппети́та ("I wish you a good appetite.")

B.

1. смотри́ Like смотри́те above in line #24, this is the imperative form of the verb "to look," but here it appears in its informal or familiar form without the final -те suffix.

2. дава́й пое́дем This construction is the same as the one above in line #15, but again, this is the familiar form. Here it expresses the idea: "let's go."

4-5. мы проведём суббо́ту   This literally means "we will spend Saturday... ." It is future tense because the verb провести́ is the perfective form and when conjugated in what appears to be the present tense form, its meaning is future.

5. за́ го́родом   This set expression means literally "beyond the city" and so carries the meaning of "in the country." Notice that here the preposition takes the stress and the noun remins unstressed; the two are pronounced as one word.

6. Позвони́ Серге́ю и Та́не   Here again we have the familiar imperative form of the verb позвони́ть, which requires its objects be in the dative case.

7. спроси́ хотя́т ли они́ пое́хать   Literally this means "ask them whether they want to go." The concept of "whether" is expressed with the particle ли which will be explained in greater depth in Chapter 8.

9. Ты хо́чешь, что́бы они́ что-то привезли́? The expression of someone wanting someone else to do something is constructed with что́бы and the verb in the что́бы-clause in the past tense. More time will be spent on this construction in Chapter 8.

21. не забу́дь напо́мнить им   Negative imperative forms are usually imperfective, unless they express warning.

7.3 VOCABULARY:

без + gen	without
бо́лен/-ьна́	sick/-f
большо́й	big
буты́лка	bottle
великоле́пно	splendid
вино́	wine
вку́сный	tasty
вода́	water
вокза́л	station
го́род	city
грузи́нский	Georgian (adj)
дава́й(те)	let's
де́сять	ten
ещё	still, yet
жена́	wife
иде́я	idea
замеча́тельный	marvelous
за́нят/-а́/-о/-ы	busy/-f/-n/-pl
здесь	here
како́й	what kind of
како́й-нибудь	some kind of
како́й-то	some kind of
колбаса́	kolbasa (sausage)
коро́бка	box
конфе́ты	candies
костю́м	suit
котле́ты	cutlets
купа́тельный	swimming (adj)
ле́то	summer
лу́чше	better
магази́н	store
ма́сло	butter
мно́го + gen	a lot, many
молоко́	milk
мя́со	meat
ничего́	nothing
о́вощи	vegetables
отде́л	department
пече́нья	cookies

пикни́к	picnic
пого́да	weather
поэ́тому	becasue
продово́льственный магази́н	grocery store
ра́зный	various
ры́ба	fish
све́жий	fresh
сего́дня	today
сладкий	sweet
сли́шком	too many, much
снача́ла	first
суббо́та	saturday
сыр	cheese
сюрпри́з	surprise
тако́й	such a
торт	cake
у́жин	supper
у́тка	duck
хлеб	bread
холо́ден/-на́	cold/-f
хоро́ший	good
час	hour
что-то	something
э́ти	these (pl)
я́блоко	apple
я́йцо	egg

Phrases:

большо́е вам спаси́бо	thank you very much
в де́сять часо́в	at ten o'clock
всё что на́до	everything that's necessary
дава́й(те) пое́дем	let's go
дава́й(те) посмо́трим	let's see
за́ городом	in the country
лу́чше покупа́ть	it's better to buy
мне пришло́сь	I had to
мне хо́чется	I want, feel like
на пикни́к	on a picnic
на ры́нках	at the market
на́м не на́до	we don't need

(дава́йте) начнём	let's begin
не забу́дь	don't forget
переда́йте приве́т	say hello
по-мо́ему	in my opinion
прия́тного аппети́та!	bon appetit!
с на́ми	with us
ско́лько ле́т, ско́лько зи́м!	long time no see
что ещё	what else
что у них е́сть	what they have

Verbs:

встре́титься (встре́чусь, встре́тишься, встре́тяться) (II)	to meet
гото́вить (II)	to prepare
забы́ть (забу́ду, забу́дешь, забу́дут) (I)	to forget
звнони́ть (II)	to call
купи́ть (II)	to buy (perf)
напо́мнить (II)	to remember
нача́ть (начну́, начнёшь, начну́т)(I)	to begin
переда́ть (переда́м, переда́шь, передаду́т)	to communicate, convey
пла́вать (I)	to swim
позвони́ть (II)	to call
пойти́ (I)	to go by foot
покупа́ть (I)	to buy (imp)
посмотре́ть (II)	to look, see
предлага́ть (I)	to suggest, propose
привезти́ (привезу́, привезёшь, привезу́т) (I)	to bring
пригото́вить (II)	to prepare
прийти́сь (I)	to fall to someone to do something
провести́ (проведу́, проведёшь, проведу́т) (I)	to spend (time)
смотре́ть (II)	to see, look
спра́шивать(I)	to ask (imp)
спроси́ть (II)	to ask (perf)

7.4 GRAMMAR:

Nominative and Accusative Plural:

Most masculine and feminine nouns in the nominative plural end in either -ы or -и. Neuter nouns form their plurals with an -a or -я. And there are some masculine nouns that also have a plural form in -a.

The accusative plural of all inanimate nouns is the same as the nominative plural. The accusative plural of all animate nouns is the same as the genitive plural. This applies to all genders in the plural accusative.

Nominitive and Accusative inanimate plurals:

Nouns:

	hard	soft
masc/fem:	- ы	- и
neuter:	- a	- я

These special masculine plurals ending in -á / -я́ need to memorized:

house	дом	домá
city	гóрод	городá
train	пóезд	поездá
teacher	учи́тель	учителя́
color	цвет	цветá
number	нóмер	номерá
eye	глаз	глазá
director	дире́ктор	директорá
professor	профе́ссор	профессорá
forest	лес	лесá

doctor	до́ктор	доктора́
shore	бе́рег	берега́
evening	ве́чер	вечера́
voice	го́лос	голоса́
address	а́дрес	адреса́

irregular plurals:

брат	бра́тья	brother(s)
стул	сту́лья	chair(s)
лист	ли́стья	feather(s)
муж	мужья́	husband(s)
де́рево	дере́вья	tree(s)
перо́	пе́рья	pen(s)
друг	друзья́	friend(s)
сын	сыновья́	son(s)

The following words have completely different words for their plural forms:

ребёнок	child	де́ти	children
челове́к	person	лю́ди	people

The following words only occur in the plural; the singular forms do not exist:

де́ньги	money	очки́	glasses
но́жницы	scissors	роди́тели	parents
брю́ки	pants	кани́кулы	school holiday
ворота́	gates	часы́	watch
черни́ла	ink	су́тки	24 hour period

Adjectives:

	hard	soft
nom:	-ые	-ие
acc:	-ые/-ых	-ие/-их

Compare the following nouns and adjectives in the nominative singular and plural:

masculine:

ста́рший студе́нт	ста́ршие студе́нты
но́вый гость	но́вые го́сти
краси́вый дом	краси́вые дома́
большо́й музе́й	больши́е музе́и

neuter:

све́жее яйцо́	све́жие я́йца
си́нее мо́ре	си́ние моря́
вку́сное пече́нье	вку́сные пече́нья
откры́тое окно́	откры́тые о́кна

feminine:

чёрная дверь	чёрные две́ри
све́тлая ку́хня	све́тлые ку́хни
де́тская игра́	де́тские и́гры
иностра́нная фами́лия	иностра́нные фами́лии

Plural Personal Pronouns:

person	1st	2nd	3rd
nom	мы	вы	они́
acc	нас	вас	их
gen	нас	вас	их
dat	нам	вам	им
inst	на́ми	ва́ми	и́ми
prep	нас	вас	них

Plural Interrogative Possessive Pronouns:

whose? (all genders)

nom	чьи
acc	чьи/чьих
gen	чьих
dat	чьим
inst	чьи́ми
prep	чьих

Plural Possessive Pronouns:

nom	мои́	твои́	на́ши	ва́ши
acc	мои́ /	твои́ /	на́ши/	ва́ши/
	мои́х	твои́х	на́ших	ва́ших
gen	мои́х	твои́х	на́ших	ва́ших
dat	мои́м	твои́м	на́шим	ва́шим
inst	мои́ми	твои́ми	на́шими	ва́шими
prep	мои́х	твои́х	на́ших	ва́ших

Short Form Adjectives:

A short form adjective is used as a predicate instead of a modifier. Compare the following examples:

Она́ нашла́ свобо́дное ме́сто.
She found an empty seat.
Э́то ме́сто свобо́дно.
This seat is empty.

Short forms are usually used when the state being described is not permanent or occurs only under certain circumstances. Compare these two sentences:

He is an ill old man. Он больно́й ста́рик.
Ivan is sick today. Ива́н сего́дня бо́лен.

Not all adjectives have short forms since not all adjectives can serve as a predicate and other adjectives (рад for example) occur only as short forms.

To form a short form adjective, first remove the regular adjectival ending and then add the following:

masc: no ending*
fem: - a

neuter: - o
plural: - ы

*when the masculine form ends in two or more consonants,
an e, ё or o is inserted before the last one for the sake of
prononciation.

Compare the following long and short forms:

глу́пый (dumb) глуп, глупа́, глу́по, глу́пы
у́мный (smart) умён, умна́, у́мно, у́мны
ста́рый (old) стар, ста́ра, ста́ро, ста́ры
больно́й (ill) бо́лен, больна́, больно́, больны́
до́брый (kind) добр, добра́, добро́, добры́
откры́тый (open) откры́т, откры́та, откры́то,
      откры́ты
уве́реный (sure) уве́рен, уве́рена, уве́рено,
      уве́рены
гото́вый (ready) гото́в, гото́ва, гото́во,
      гото́вы

Formation of Imperatives:

Imperatives are the verb form used to express a
command or request for action.
In order to create the imperative form of most
Russian verbs one must drop the ending from the
third person plural form (они́).

If the base ends in a vowel then add either
-й/-йте.

они́ чита́ют   чита+   й/йте
чита́й!/чита́йте!

If the base ends in a consonant then add either
-и/-ите.

они́ говоря́т   говор+   и/ите
говири́!/говори́те!

117

To find the stress of an imperative look to the first person singular form.

я чита́ю чита́й! я говорю́ говори́!

If the stem is stressed in the first person form and the base ends in a single consonant then add either -ь/-ьте.

я забу́ду забу́д+ ь/ьте
забу́дь!/забу́дьте!

Reflexive verbs form imperatives in the same way but in addition, a -сь or -ся is added for a base that ends in a vowel or a consonant respectively.

верну́ться	верну́тся	верни́сь!
сказа́ть	скажу́/ска́жут	скажи́!
писа́ть	пишу́/пи́шут	пиши́!
тре́бовать	тре́бую/тре́буют	тре́буй!
смотре́ть	смотрю́/смо́трят	смотри́!
гото́вить	гото́влю/гото́вят	гото́вь!
умы́ться	умо́юсь/умо́ются	умо́йся!

Imperatives and Aspect:

Requests are usually made with an imperative formed from a perfective verb.

Скажи́ мне, когда́ у́жин бу́дет гото́в.
Tell me when dinner is ready.

Imperfective imperatives denote general rules or requests with no specific results or implication of completion.

Чита́й газе́ту ка́ждый день.
Read the paper every day.

Negative imperatives are usually imperfective. Negative perfective imperatives are used in warnings.

Не кури́те! No smoking!
Не упади́те! Don't fall!

7.5 EXERCISES:

A. Form the nominative plural of the following nouns and adjectives:

1. больша́я ко́мната
2. удо́бное кре́сло
3. у́треннее собра́ние
4. интере́сная кни́га
5. но́вое сло́во
6. ску́чная исто́рия
7. гря́зный ма́льчик
8. жёлтый по́езд
9. краси́вая пло́щадь
10. молода́я жена́
11. коро́ткое письмо́
12. высо́кое зда́ние
13. хоро́ший учи́тель
14. ру́сский ца́рь

B. Form the nominative plural of the following irregular nouns and their modifiers:

1. у́мный брат
2. хоро́ший друг
3. плохо́й сын
4. ве́рный муж
5. интере́сный челове́к
6. твёрдый стул
7. зелёный лист
8. ста́рое де́рево
9. кра́сное перо́
6. ма́ленький ребёнок

C. Form the masculine and feminine short form adjectives from the following long forms:

1. здоро́вый
2. уста́лый
3. свобо́дный
4. согла́сный
5. интере́сный
6. краси́вый
7. счастли́вый

D. Form the second person singular (т ы)
imperative of the following verbs:

1. слу́шать
2. дава́ть
3. смотре́ть
4. купи́ть
5. закры́ть
6. рабо́тать

7. спроси́ть
8. по́мнить
9. принести́
10. продава́ть
11. спра́шивать
12. подгото́вить

Church of the Ascension, built in 1532

CHAPTER 8

RESTAURANTS AND CAFÉS

8.1 DIALOGUES:

Listen to the following dialogues on the tape, noting where the stress falls in each word. Then read the dialogues aloud first with the tape and then a second time without it.

A.

1 Владимир Владимирович: Эти места свободны?

   Официантка: Да, свободны. Садитесь, пожалуйста. Вот меню.

5 Владимир Владимирович: Ну, что мы закажем?

   Маргарита Иосифовна: Какие холодные закуски вы нам посоветуете заказать?

10 Официантка: Здесь прекрасно готовят паштет из печёнки. У нас ещё хорошая осетрина или винегрет с селёдкой, если вы препочитаете рыбные блюда.

15 Маргарита Иосифовна: Я бы хотела винегрет с селёдкой, пожалуйста. А вы, Владимир Владимирович?

   Владимир Владимирович: Дайте,
20 паштет, пожалуйста. А какие у вас супы?

   Официантка: У нас сегодня борщ

украи́нский, о́чень вку́сный
картофельный суп и харчо́.

25 Маргари́та Ио́сифовна: Мы возьмём
картофельный суп, да?

Влади́мир Влади́мирович: Нет, я хочу́
украи́нский борщ.

Официа́нтка: А что ещё?

30 Маргари́та Ио́сифовна: Я возьму́ ещё
бара́нью отбивну́ю с гарни́ром.

Влади́мир Влади́мирович: А мне --
треску́ по-по́льски.

Официа́нтка: Хорошо́. Како́е вино́ вы
35 бу́дете пи́ть?

Маргари́та Ио́сифовна: Я бы вы́пила
како́го-нибудь сухо́го вина́.

Влади́мир Влади́мирович: Да, я
согла́сен. У вас есть
40 гурджаа́ни? Это моё люби́мое.

Официа́нтка: Есть.

Маргари́та Ио́сифовна: Это бе́лое,
да?

Официантка: Бе́лое.

45 Влади́мир Влади́мирович: Тогда́
принеси́те пожа́луйста одну́
буты́лку гурджаа́ни.

Официа́нтка: Сейчас принесу́.

B.

I Официа́нт: Что вы хоти́те? Уже́
вы́брали?

Па́ша: Мину́точку, пожа́луйста. Ира,
ты гото́ва?

5 Ира: Да. Пожа́луйста, ча́й с лимо́ном
и моро́женое.

Па́ша: А ты не хо́чешь бутербро́д?

Ира: Нет, я не о́чень го́лодна.

Па́ша: Хорошо́. Дайте, пожа́луйста,
10 оди́н бутербро́д с ветчино́й и
буты́лку лимона́да.

Официа́нт: Бутербро́ды с ветчино́й
ко́нчились.

Паша: А что есть?

15 Официант: Есть бутерброды с
колбасой и пирожки с рисом.

Паша: Тогда принесите пирожки
с рисом.

Официант: Это всё?

20 Паша: Да, спасибо.

8.2 NOTES ON THE DIALOGUES:

A.

1-2. Эти места свободны? Notice that
свободны is used here in the short form
since it serves as the predicate of this
sentence.

6. закажем This is a perfective noun
conjugated and used here in the future tense:
"We will order...".

12-13. винегрет с селёдкой Винегрет
is a popular cold salad made of cooked beets,
potatoes, onion, carrots, apples and in this
case pickled herring.

15. Я бы хотела Literally this means, "I
would like..." These constructions with бы
are discussed in the grammar section of this
chapter.

22-23. украинский борщ This is
"Ukrainian borshch" or red beet soup.

24. харчо This is a thick, hot spicy
Georgian mutton soup.

32-33. А мне -- треску по-польски
Note the ellipses marked by the dashes
signalling the use of the same verb from

above (возьму́). This dish is made from cod, steamed in butter or a white sauce.

40. гурджаа́ни   This is the brand name of a popular white, dry Georgian wine.

48. се́йчас принесу́   Literally this is, "I'll bring it now"; roughly the equivalent in English of "right away."

B.

3. мину́точку   This is the diminutive form of the word for minute (мину́та)in the accusative case, often used in colloquial speech.

6. моро́женое   The word for "ice cream" declines like an adjective even though it is a noun.

7. ты не хо́чешь бутербро́д?   Questions are often asked in the negative in Russian. This sentence roughly translates as: "you won't have a sandwich then?"

10. бутербро́д с ветчино́й   The word signifying an open-faced sandwich is a cognate of the German "Butterbrod," but the Russians qualify it with the construction of с and the instrumental case of whatever is inside the sandwich, in this case, ham.

13. ко́нчились   Used in this context, this verb means "to have run out, been finished up."

14. А что есть?   Literally this means "what is there?"

17-18. пирожки́ с ри́сом
Пирожки́ are small dumplings stuffed with different things; these are filled with rice.

The word пирожки́ here is in the plural.
The nominative singular пирожо́к has a
"fleeting o " that is dropped in its conjugated
forms. This topic will be considered in the
grammar section of this chapter.

8.3 VOCABULARY:

бара́нью отбивна́я	lamb chop
бе́лый	white
блю́до	dish, course
борщ	borshch
бутербро́д	sandwich
бутербро́д с ветчино́й	ham sandwich
бутербро́д с колбасо́й	sausage sandwich
весь/вся/всё/все	all/-f/-n/-pl
ветчина́	ham
винегре́т	vinegret
с селёдкой	w/pickled herrings
вку́сный	tasty, delicious
гарни́р	garnish
го́лод/-на/-но/-ы	hungry/-f/-n/-pl
гото́в/-а/-о/-ы	ready/-f/-n/-pl
е́сли	if
заку́ска	appetizer
карто́фельный	potato (adj)
лимо́н	lemon
лимона́д	lemonade
люби́мый	favorite
меню́	menu (indecl)
ме́сто	seat, space
мину́та	minute
мину́точка	minute (dim, coll)
моро́женое	ice cream
осетри́на	sturgeon
официа́нт/-ка	waiter/waitress
паште́т	pâté
паште́т из печёнки	liver pâté

125

печёнка	liver
пирожо́к	dumpling
пирожки́	dumplings stuffed
с ри́сом	with rice
прекра́сно	pleasant, splendid
рис	rice
ры́бные	fish (adj)
свобо́ден/-на/-но/-ны	free/-f/-n/-pl
сельдь (селёдка)	herring (coll)
сейча́с	right now
согла́сен/-на/-но/-ны	agreed/-f/-n/-pl
суп	soup
сухо́й	dry
треска́	cod
треска́ по-по́льски	Polish style cod
украи́нский	Ukrainian (adj)
харчо́	Georgian soup
холо́дный	cold (adj)
чай	tea

Phrases:

да́йте мне	give me
есть	there is
чай с лимо́ном	tea with lemon
я бы хоте́л/-а	I would like/-f

Verbs:

бра́ть (беру́, беру́т) (I)	to take
взя́ть (возьму́, возьмёшь, возьму́т) (I)	to take
выбира́ть (I)	to select, choose
вы́брать (вы́беру, вы́берешь, вы́берут) (I)	to select, choose
вы́пить (вы́пью, вы́пьешь, вы́пьют)	to drink
гото́вить (II)	to prepare
заказа́ть (закажу́, зака́жешь, зака́жут) (I)	to order
зака́зывать (I)	to order

кончáться (I)	to be finished
кóнчиться (кóнчится, кóнчатся) (II)	to be finished
пить (пью, пьёшь, пьют) (I)	to drink
предпочитáть(I)	to prefer
принести́ (I)	to bring, carry
сади́ться (сажýсь, сади́шься, садя́тся) (II)	to sit down
сéсть (ся́ду, ся́дешь, ся́дут) (I)	to sit down
совéтовать(I)	to advise, suggest
хотéть (хочý, хóчешь, хоти́м, хоти́те, хотя́т)	to want

8.4   GRAMMAR:

Genitive/Accusative Animate Plurals:

Genitive and accusative animate plurals are a little more tricky than other declensions. There are a variety of different endings as well as an assortment of exceptions.

Nouns:
In the nominative singular,
nouns that end in...

-а, -о, -е, -анин, янин take:	-ø
-any hard consonant except ж/ш take:	-о в
-ц that are not end stressed and those that end in й take:	-е в
-ж, -ч, -ш, -щ, -ь, -ья take:	-е й
-ие, -ия, ея take:	-й
-мя take:	-ё н
-я preceded by any consonant, drop the я and take:	-ь

Listed below are some exceptions that must be committed to memory:

nominative singular:		genitive plural:
по́ле	field	поле́й
мо́ре	sea	море́й
брат	brother	бра́тьев
де́рево	tree	дере́вьев
пла́тье	dress	пла́тьев
стул	chair	сту́льев
па́лец	finger	па́льцев
друг	friend	друзе́й
муж	husband	муже́й
сын	son	сынове́й
у́хо	ear	уше́й
сосе́д	neighbor	сосе́дей
дочь	daughter	дочере́й
мать	mother	матере́й
ребёнок	child	дете́й
челове́к	person	люде́й
солда́т	soldier	солда́т
раз	once, time	раз
глаз	eye	глаз
тётя	aunt	тётей
дя́дя	uncle	дя́дей

nouns that have no singular form their genitive plurals in various different ways:

де́ньги	money	де́нег
но́жницы	scissors	но́жниц
брю́ки	pants	брюк
очки́	glasses	очко́в
роди́тели	parents	роди́телей
кани́кулы	school holiday	кани́кул
воро́та	gates	воро́т
часы́	watch	часо́в
су́тки	24 hour period	су́ток

Often when a final -a or -o is dropped from a word to form the genitive plural and two consonants remain at the end, an -o or -e is added.

оши́бка	mistake	оши́бок
окно́	window	о́кон
студе́нтка	student (f)	студе́нток
остано́вка	bus stop	остано́вок
ви́лка	fork	ви́лок
блу́зка	blouse	блу́зок
су́мка	purse	су́мок
ша́пка	cap	ша́пок
ю́бка	skirt	ю́бок
сестра́	sister	сестёр
де́вушка	girl	де́вушек
де́душка	grandfather	де́душек
руба́шка	shirt	руба́шек
ча́шка	cup	ча́шек
число́	number	чи́сел
ло́жка	spoon	ло́жек
копе́йка	kopeck	копе́ек
письмо́	letter	пи́сем
кре́сло	chair	кре́сел

Adjectives:

All genders of the accusative and gentive plural, both animate and inanimate, have one of two adjectival endings:

either the hard: - ых or the soft: - их

Compare the following nouns and adjectives in the nominative singular and genitive plural:

незнако́мое сло́во	незнако́мых слов
ма́ленькая ко́мната	ма́леньких ко́мнат
хоро́ший студе́нт	хоро́ших студе́нтов
стро́гий оте́ц	стро́гих отцо́в
уважа́емый ге́ний	уважа́емых ге́ниев
холо́дная но́чь	холо́дных ноче́й
до́бый де́нь	до́брых дне́й
стра́нная иде́я	стра́нных иде́й

иностра́нное и́мя   иностра́нных имён
ми́лое назва́ние   ми́лых назва́ний
си́нее о́зеро   си́них озёр

Fleeting Vowels:

Many nominative case nouns that end in one of
these vowels: о / е / ё and a consonant often drop
that penultimate vowel when they are declined in
the other cases. For example, in this chapter's
dialogues we had the noun пирожо́к as well as
the short form adjectives го́лоден, свобо́ден and
согла́сен. In the genitive case пирожо́к loses its
final о: пирожка́. Similarly, when any of these
short form adjectives take a feminine, neuter or
plural ending, they too, lose their final vowels:
го́лодна, свобо́дна, согла́сна. Notice that when
the stress in the nominative falls on the fleeting
syllable, the ending is always stressed in the rest of
the paradigm.

Examine the full paradigms of two very common
masculine nouns with fleeting vowels:
отец (father)/ день (day).

singular:		plural:	sing.:	plural:
nom	оте́ц	отцы́	день	дни
acc	отца́	отцо́в	день	дни
gen	отца́	отцо́в	дня	дней
dat	отцу́	отца́м	дню	дням
inst	отцо́м	отца́ми	днём	дня́ми
prep	отце́	отца́х	дни	дňях

The Particles: что́бы, е́сли бы & бы:

As mentioned in the notes of this chapter, что́бы
often introduces a clause that expresses someone's
request or desire that someone else do or perform
some activity. The verb in this clause is always in
the subjunctive or hypothetical which is the same
as the past tense form.

130

Я хочу́, что́бы он купи́л мне пода́рок
I want him to buy me a present.
Скажи́ Бори́су, что́бы он пришёл во́время.
Tell Boris to arrive on time.

The use of the hypothetical particles е́сли бы or just бы are used to express a wish, hope, desire where there is some uncertainty of its being fullfilled. In this case, the verbs in both clauses are in the past tense or the infinitive form.

Е́сли бы я бы́л бога́т, я бы бо́льше путеше́ствовал.
If I were rich, I would travel more.
Я хоте́ла бы танцева́ть.
I would like to dance.
Е́сли бы у меня́ бы́ло мно́го де́нег!
If only I had a lot of money!
Е́сли бы я его́ лу́чше зна́ла, я бы попроси́ла у него́ по́мощи.
If I knew him better, I'd ask him to help me.

The Word весь:

The word весь ("all" or "everything") occurs in all three genders as well as the plural. Its complete declension is given below:

singular:			plural:
	masc/neut	fem	all genders
nom	весь/всё	вся	все
acc	весь/всё	всю	все/
(anim)	всего́		всех
gen	всего́	всей	всех
dat	всему́	всей	всем
inst	всем	всей	все́ми
prep	всём	всей	всех

131

The Words мать & дочь:

These two very common words, мать & дочь ("mother" & "daughter"), have very unusual conjugations which must be memorized. Note the shifts in stress between the singular and plural forms.

	singular:	plural:
nom	мать	ма́тери
acc	мать	матере́й
gen	ма́тери	матере́й
dat	ма́тери	матеря́м
inst	ма́терью	матеря́ми
prep	ма́тери	матеря́х

	singular:	plural:
nom	дочь	до́чери
acc	дочь	дочере́й
gen	до́чери	дочере́й
dat	до́чери	дочеря́м
inst	до́черью	дочерьми́
prep	до́чери	дочеря́х

The Words время & имя:

Neuter nouns that end in -мя in the nominative have an irregular declension pattern. Notice the shift in stress from stem stress in the singular to end stress in the plural in the following paradigm of "name" and "time."

	singular:	plural:
nom	и́мя	имена́
acc	и́мя	имена́
gen	и́мени	имён
dat	и́мени	имена́м
inst	и́менем	имена́ми
prep	и́мени	имена́х

	singular:	plural:
nom	вре́мя	времена́
acc	вре́мя	времена́
gen	вре́мени	времён
dat	вре́мени	времена́м
inst	вре́менем	времена́ми
prep	вре́мени	времена́х

The Verbs есть & пить

The verbs е́сть/съе́сть ("to eat") and
пи́ть/вы́пить ("to drink") are both irregular and
their conjugations must be memorized. To form the
perfective future and past tenses of these verbs add
the prefix съ- for "to eat" and the stressed prefix
вы́- for "to drink" to the following forms:

present tense:

я ем	мы еди́м		я пью	мы пьём
ты ешь	вы еди́те		ты пьёшь	вы пьёте
он ест	они́ едя́т		он пьёт	они́ пьют

past tense:

он ел	оно́ е́ло		он пил	оно́ пи́ло
она́ е́ла	они́ е́ли		она́ пила́	они́ пи́ли

бу́ду есть	бу́ду пить
бу́дешь есть	бу́дешь пить
бу́дет есть	бу́дет пить
etc.	etc.

imperatives:

ешь(те)!   пей(те)!

Есть is not used nearly as often as we use the verb
"to eat" in English, because in Russian there are
different verbs for eating each of the days' meals
that are used more frequently:

за́втракать/поза́втракать to eat breakfast
обе́дать/пообе́дать   to eat lunch
у́жинать/поу́жинать   to eat supper

They are all first conjugation verbs and should not be difficult to memorize since each is formed from its noun:

за́втрак breakfast
обе́д lunch
у́жин dinner

The Verbs брать & взять:

This pair of imperfective and perfective verbs are quite dissimilar and their respective conjugations are hard to predict from their infinitive forms. Remember that since брать is an imperfective what follows are its present, past and future tenses whereas взять is a perfective and does not have a present tense form, so that the following paradigm gives its future and past tense forms.

perfective infinitive: брать

present tense:
я беру́   мы берём
ты берёшь   вы берёте
он берёт   они беру́т

past tense:
он брал   оно́ бра́ло
она́ бра́ла   они́ бра́ли

imperfective infinitive: взять

future tense:
я возьму́   мы возьмём
ты возьмёшь   вы возьмёте
он возьмёт   они возьму́т

past tense:

он взял	оно́ взя́ло
она́ взяла́	они́ взя́ли

The verb вы́брать, (also found in this chapter's dialogues) is formed from the same stem as брать and thus has the same conjugation pattern, only different stress. However, since вы́брать is perfective, its conjugated paradigm represents the future tense rather than the present.

future tense:

я вы́беру	мы вы́берем
ты вы́берешь	вы вы́берете
он вы́берет	они вы́берут

past tense:

он вы́брал	оно́ вы́брало
она́ вы́брала	они́ вы́брали

The imperfective pair for this verb выбира́ть is a simple Type I conjugation verb with no irregularities:

present tense:

я выбира́ю	мы выбира́ем
ты выбира́ешь	вы выбира́ете
он выбира́ет	они выбира́ют

past tense: future tense:

он выбира́л	я бу́ду выбира́ть
она́ выбира́ла	ты бу́дешь выбира́ть
оно́ выбира́ло	etc.
они́ выбира́ли	

8.5   EXERCISES:

A. Form the genitive plural of the following nominative singular noun and adjective pairs. Remember the exceptions!

1. коро́ткий расска́з
2. све́тлая кварти́ра
3. си́нее мо́ре
4. Кра́сная пло́щадь
5. хоро́шее вре́мя
6. зелёная гора́
7. мла́дшяя сестра́
8. дли́нное собра́ние
9. жа́ркий день
10. большо́й стол

B. Decline the following nominative case singular nouns with fleeting vowels in the other five cases (accusative, genitive, dative, instrumental, prepositional).

1. кусо́к (piece)
2. потоло́к (ceiling)
3. весь (all)
4. коне́ц (end)

C. Conjugate the following verbs with stems similar to other verb stems in this chapter's vocabulary. Give the 2nd singular (ты) and 3rd plural (они) forms for each verb:

1. наказа́ть (to punish)
2. сади́ть (to seat someone)
3. убра́ть (to clean up)
4. добра́ться (to reach)
5. отка́зываться (to refuse)
6. разобра́ться (to take apart)
7. собира́ться (to collect)

D. Put the verbs provided in the correct form to fit this sentence:

If I had a lot of money, I would ...... more.

Если бы у меня было много денег, я бы больше ....

1. купи́ть
2. учи́ть
3. писа́ть
4. занима́ться

5. танцева́ть
6. улыба́ться
7. путеше́ствовать
8. весели́ться

The State Department Store (GUM) on Red Square

CHAPTER 9

THE APARTMENT

9.1   DIALOGUES:

Listen to the following dialogues on the tape, noting where the stress falls in each word. Then read the dialogues aloud first with the tape and then a second time without it.

A.

1   Гали́на Григо́риевна: Муж мне
       сказа́л, что вы получи́ли но́вую
       кварти́ру. Это пра́вда?
    Пётр Ильи́ч: Да, мы с жено́й
5   пере́ехали неде́лю тому́ наза́д.
    Гали́на Григо́риевна: Поздравля́ю!
       Она́ далеко́ от ва́шей рабо́ты?
    Пётр Ильи́ч: Нет, наоборо́т совсе́м
       бли́зко. Два́дцать мину́т от
10   це́нтра. И лу́чше всего́, она́
       нахо́дится то́лько в пяти́
       мину́тах ходьбы́ от метро́.
    Гали́на Григо́риевна: Ско́лько
       ко́мнат?
15   Пётр Ильи́ч: У нас три све́тлых
       спа́льни, столо́вая, больша́я
       ку́хня, туале́т и ва́нная.
    Гали́на Григо́риевна: Три спа́льни!
    Пётр Ильи́ч: Да, мы реши́ли, что
20   лу́чше получи́ть дово́льно
       большу́ю кварти́ру тепе́рь, чтобы
       у нас бы́ло доста́точно ме́ста
       для́ дете́й.
    Гали́на Григо́риевна: Ве́рно! Де́ти

25   бы́стро расту́т!
Пётр Ильи́ч: И им на́до бу́дет мно́го
             ме́ста.
Гали́на Григо́риевна: Кварти́ра на
              како́м этаже́?
30 Пётр Ильи́ч: На второ́м.
Гали́на Григо́риевна: Замеча́тельно!
             Да́же не на́до ли́фта.
Пётр Ильи́ч: Да. Мы о́чень дово́льны.
             А ваш муж вам переда́л, что
35   мы пригласи́ли вас на новосе́лье
             в пя́тницу?
Гали́на Григо́риевна: Переда́л.
             Спаси́бо. С удово́льствием
             придём.
40 Пётр Ильи́ч: Тогда́ уви́димся в
             пя́тницу.
Гали́на Григо́риевна: До ско́рого!

В.

1 Ли́за: Помоги́ мне, я хочу́, чтобы
             кни́жный шкаф был там, сле́ва
             от две́ри.
Лёня: Но тогда́ куда́ ты поста́вишь
5   пи́сьменный стол?
Ли́за: Туда́, о́коло о́кон.
Лёня: А э́ту краси́вую ла́мпу?
Ли́за: Поста́влю её напро́тив две́ри
             за дива́н.
10 Лёня: А крова́ть где бу́дет?
Ли́за: Спра́ва от о́кон у стены́.
Лёня: И э́ти два кре́сла?
Ли́за: Я хочу́ поста́вить их сюда́,
             бли́же к телеви́зору.
15 Лёня: А ещё что?
Ли́за: На́ пол я положу́ то́лстый
             ковёр и на сте́ны повещу́
             но́вые карти́ные.
Лёня: Ну, дава́йте начнём.

9.2 NOTES ON THE DIALOGUES:

A.

4. мы с жено́й — A common construction, often heard in conversation, it means "my wife and I." For similar constructions and their formation see the grammar section in this chapter.

5. неде́лю тому́ наза́д — Many time expressions use the accusative case to express time passed, as does this one, which means "a week ago."

9. два́дцать мину́т — Cardinal numbers will be discussed in depth in Chapter 16, but notice that after both "twenty" the word for minute is in the genitive plural.

11-12. в пяти́ мину́тах ходьбы́ от метро́ — "It's a five minute walk from the metro." After the preposition от, nouns usually take the genitive case, however, метро́ remains undeclined for it is one of a small number of indeclinable Russian nouns that will be discussed later in this chapter.

13-14. ско́лько ко́мнат — Remember expressions of quantity like ско́лько require the genitive plural.

15-16. три све́тлых спа́льни — After the numbers two, three and four in Russian the noun takes the genitive singular but the adjective requires a genitive plural ending.

36. в пя́тницу — This is another accusative case time expression, but notice also here that

days of the week (and months of the year) are not capitalized in Russian.

37-39. Передáл. Спасúбо. С удовóльствием придём   This response provides an excellent example of the highly elliptical nature of spoken Russian.

B.

2-3. был там, налéво от двéри
When a location is referred to, it takes the prepositional case and this includes its pronouns like там meaning "there." Дверь is in the genitive case here because of the preposition от that precedes it: "to the left *of* the door."

4-5. кудá постáвишь стóл   On the other hand, when a destination is spoken of, the construction demands the accusative case, including the interrogative prounoun of destination: кудá with the meaning "to where."

6. тудá, óколо óкон   The response to кудá is тудá (to over there) and the word "windows" here is in the genitive because of the preposition óколо.

11. у стéны   У + genitive of "wall" gives the meaning of "by the wall."

12. двá крéсла   The number "two" (два) requires the genitive singular for nouns.

14. блúже к телевúзору   Translated as "closer to the television", the clause requires the dative because of the presence of the preposition к.

16. нá пол я положý   In this instance of accusative case destination, signaled by the

verb of placing положи́ть (see grammar 9.5), the preposition receives the stress and the word пол is pronounced together along with it as one word.

17. **на стены́ повещу́**   Пове́сить is a verb of movement that also requires the accusative to show destination of the action. Again, see grammar 9.5 for details on the different verbs used in Russian to show states of lying/sitting/standing and movement towards or placing/putting/lying.

9.3 VOCABULARY:

бли́зко	near
большо́й	big
бы́стро	fast, quick
ва́нная	bathroom
далеко́	far away
два + gen sg	two
два́дцать + gen pl	twenty
дива́н	sofa
для + gen	for
дово́лен/-на/-но/-ны	satisfied/-f/-n/-pl
дово́льно	rather
доста́точно	enough
замеча́тельно	wonderful
карти́на	picture
кварти́ра	apartment
кни́жный шкаф	bookcase
ковёр	carpet
когда́	when
краси́вый	pretty
кре́сло	arm chair
крова́ть	bed
куда́	to where
ку́хня	kitchen
ла́мпа	lamp
лифт	elevator

лу́чше	better
ме́сто	place, seat
метро́ (indec)	subway
наоборо́т	on the contrary
напро́тив + gen	opposite
неде́ля	week
новосе́лье	house warming
но́вый	new
обяза́тельно	definitely
о́коло + gen	around
окно́	window
от + gen	from
пи́сьменный стол	writing desk
пя́тница	friday
пять	five
све́тлый	bright
ско́лько + gen	how much, many
совсе́м	completely
спа́льня	bedroom
ста́нция	station (subway)
стена́	wall
столо́вая	dining room
сюда́	to over here
там	there
телеви́зор	television
то́лстый	thick, fat
три + gen sg	three
туале́т	toilet
туда́	to over there
ходьба́	walking, walk
центр	center (of town)
эта́ж	story, floor

Phrases:

бли́же к + dat	closer to
ве́рно!	truly!
дава́йте начнём	let's start
далеко́ от + gen	far from
за дива́н	movement to behind the sofa
лу́чше всего́	best of all
мы с жено́й	my wife and I
на како́м этаже́?	on what floor?

143

на́ пол	(movement towards) the floor
на сте́ны	(movement towards) the walls
неде́лю тому́ наза́д	a week ago
поздравля́ю!	congratulations!
помоги́!	help!
пригласи́ли на новосе́лье	invited to a housewarming
сле́ва от + gen	on the left of
спра́ва от + gen	on the right of
с удово́льствием	with pleasure, gladly
у стены́	by the wall

Verbs:

дава́ть (даю́, даёшь, даю́т) (I)	to give
нача́ть (начну́, начнёшь, начну́т) (I)	to begin
находи́ться (нахожу́сь, нахо́дишься, нахо́дятся) (II)	to be found
перее́хать (перее́ду, перее́дешь, перее́дут) (I)	to move
пове́сить (пове́шу, пове́сишь, пове́сят) (II)	to hang up
поздравля́ть (I)	to congratulate
положи́ть (положу́, поло́жишь, поло́жат) (II)	to place, put
получи́ть (получу́, полу́чишь, полу́чат) (II)	to receive, get
помога́ть (I)	to help
поста́вить (поста́влю, поста́вишь, поста́вят) (II)	to set down
пригласи́ть (приглашу́, пригласи́шь, приглася́т) (II)	to invite

прийти́ (I)	to come, arrive
расти́ (расту́, растёшь, расту́т) (I)	to grow
реши́ть (решу́, реши́шь, реша́т) (II)	to decide
уви́деться (уви́жусь, уви́дишься, уви́дятся) (II)	to see each other

9.4   GRAMMAR:

Dative, Instrumental and Prepositional Plural:

As shown in the charts below, the plural declension for the remaining three cases are far more regular and predictable than the highly irregular nominative and genitive plurals.

Nouns (all genders):

	hard	soft
dative:	- а м	- я м
instrumental:	- а м и	- я м и
prepositional:	- а х	- я х

Adjectives (all genders):

	hard	soft
dative:	- ы м	- и м
instrumental:	- ы м и	- и м и
prepositional:	- ы х	- и х

In addition to the nouns мать & дочь, имя & вре́мя whose irregular declension patterns were given in the last chapter, the following list of nouns form their plural declensions from their irregular nominative plurals.

145

nominative sing/plural	dat/inst/prep plurals
brother: брат/бра́тья	бра́тьям/бра́тьями/бра́тьях
leaf: лист/ли́стья	ли́стьям/ли́стьями/ли́стьях
chair: стул/сту́лья	сту́льям/сту́льями/сту́льях
pen: перо́/пе́рья	пе́рьям/пе́рьями/пе́рьях
friend: друг/друзья́	друзья́м/друзья́ми/друзья́х
husband: муж/мужья́	мужья́м/мужья́ми/мужья́х
neighber: сосе́д/сосе́ди	сосе́дям/сосе́дями/сосе́дях
person: челове́к/лю́ди	лю́дям/людьми́/лю́дях
children: ребёнок/де́ти	де́тям/детьми́/де́тях
son: сын/сыновья́	сыновья́м/сыновья́ми/ сыновья́х

Compare the following nouns and adjectives in the nominative singular and the dative, instrumental and prepositional plural:

Dative Plural:
коро́ткая фами́лия   коро́тким фами́лиям
у́мный оте́ц   умным отца́м

но́вая кварти́ра	но́вым кварти́рам
си́ние мо́ре	си́ним моря́м
кра́сная дверь	кра́сным дверя́м
ста́рые роди́тели	ста́рым роди́телям
откры́тое окно́	откры́тым о́кнам
большо́й геро́й	больши́м геро́ям
хоро́ший писа́тель	хоро́шим писа́телям
краси́вый парк	краси́вым па́ркам

Instrumental Plural:

ни́зкий стол	ни́зкими стола́ми
ма́ленькая ко́шка	ма́ленькими ко́шками
ва́жное уче́ние	ва́жными уче́ниями
удо́бная крова́ть	удо́бными крова́тями
мо́дная галере́я	мо́дными галере́ями
молодо́й учи́тель	молоды́ми учи́телями
вку́сное вино́	вку́сными вина́ми
до́брая же́нщина	до́брыми же́нщинами
закры́тый музе́й	закры́тыми музе́ями
лёгкий вопро́с	лёгкими вопро́сами

Prepositional Plural:

интере́сная кни́га	интере́сных кни́гах
бе́лый дом	белых дома́х
высо́кое зда́ние	высо́ких зда́ниях
ску́чная исто́рия	ску́чных исто́риях
вчера́шняя газе́та	вчера́шних газе́тах
стра́нный гость	стра́нных гостя́х
жёлтое я́блоко	жёлтых я́блоках
дорого́й санато́рий	дороги́х санато́риях
чёрная ночь	чёрных ноча́х
зелёное по́ле	зелёных поля́х

Indeclinable Nouns:

As mentioned in the notes, some nouns--
particularly foreign borrowings that end in an -е,
-о, -у, -ю or -и --do not decline at all in either
singular or plural. With the exception of ко́фе
which is masculine, the rest of these words are

neuter. Although these nouns do not decline, adjectives that modify them decline as usual. Below is a list of some of the more common indeclinable nouns in Russian:

ко́фе	coffee	пальто́	overcoat
кафе́	café	кино́	movie house
ви́ски	whiskey	такси́	taxi
метро́	subway	бюро́	bureau
ра́дио	radio	желе́	jelly
меню́	menu	шоссе́	highway
фо́то	photograph		

In addition, foreign proper names that end in -е, -о, -у, -ю or -и do not decline either.

Вам нра́вятся карти́ны Пикассо́?
Do you like Picasso's paintings?

Он никогда́ не жил в Чика́го.
He never lived in Chicago.

The Expression мы с... :

As seen in the dialogues in this chapter, the formation of the idiomatic construction ".... and I" in Russian uses the first person plural pronoun мы with the preposition с and the other noun/pronoun in the instrumental case.

my wife and I	мы с жено́й
he and I	мы с ним
his brother and I	мы с его́ бра́том
Anna and I	мы с А́нной
the children and I	мы с детьми́
my parents and I	мы с роди́телями

Adverbs of Location vs. Destination:

You already know that Russian distinguishes between location and destination in case with prepositional used for location and accusitive used for destination. Russian also makes this distinction with specific adverbs and verbs used for each classification as well. Listed below are some of the different adverbs used:

location:
где?	where?
тут/здесь	here
там	there

motion towards:
куда́?	to where?
сюда́	to here
туда́	to there

motion from:
отку́да?	from where?
отсю́да	from here
отту́да	from there

Verbs of Standing, Lying, Hanging & Verbs of Placing, Putting, Setting:

Here are some of the special verbs Russian uses to distinguish between describing an object standing, lying and hanging somewhere and the actions of putting, placing and hanging something someplace.

The verbs стоя́ть (to stand), лежа́ть (to lie), висе́ть (to hang) indicate a location where (где) and require either на or в and the prepositional case for the words that follow.

Then there are the paired imperfective/perfective verbs ста́вить/поста́вить (to place), класть/положи́ть (to put), ве́шать/пове́сить (to hang) that denote the movement towards a particular location (куда́) and require either на or в and the accusative case.

Location + Prepositional:
Стол стои́т в це́нтре ко́мнаты.
The table is (stands) in the center of the room.
Кни́ги лежа́т на большо́м столе́.
The books are (lying) on the large table.
Карти́на виси́т на стене́ над дива́ном.
The picture is (hanging) on the wall over the sofa.

Destination + Accusative:
Он поста́вил ла́мпу на пи́сьменный стол.
He put the lamp on the desk.
Обы́чно я кладу́ ключ в карма́н.
I usually put the key in my pocket.
Я ве́шаю твой костю́м в шкаф.
I'm hanging your suit in the closet.

The verbs of location are all imperfective and Type II conjugation:

стоя́ть	лежа́ть	висе́ть
стою́	лежу́	вишу́
стои́шь	лежи́шь	виси́шь
стои́т	лежи́т	виси́т
стои́м	лежи́м	виси́м
стои́те	лежи́те	виси́те
стоя́т	лежа́т	вися́т

The verbs of destination have imperfective (present tense) and perfective forms (future tense) with widely differing conjugations:

perfective	imperfective
ста́вить	поста́вить

ста́влю	поста́влю
ста́вишь	поста́вишь
ста́вит	поста́вит
ста́вим	поста́вим
ста́вите	поста́вите
ста́вят	поста́вят
класть*	положи́ть
кладу́	положу́
кладёшь	поло́жишь
кладёт	поло́жит
кладём	поло́жим
кладёте	поло́жите
кладу́т	поло́жат
ве́шать	пове́сить
ве́шаю	пове́шу
ве́шаешь	пове́сишь
ве́шает	пове́сит
ве́шаем	пове́сим
ве́шаете	пове́сите
ве́шают	пове́сят

*класть has an irregular past tense: (он кла́л, она́ кла́ла оно́ кла́ло, они́ кла́ли). All the other verbs form the past tense in the regular fashion.

9.5   EXERCISES: ✏

A. Form the dative/instrumental/prepositional plural forms for the following singular nominative case nouns and adjectives. Watch for irregular forms!

1. холо́дый сала́т
2. плоха́я иде́я
3. до́брое у́тро

4. молодо́й ге́ний
5. кра́сное вино́
6. большо́е населе́ние
7. ле́тняя шко́ла
8. ску́чная ле́кция
9. ру́сский царь
10. хоро́ший друг

B. Translate the following expressions using the idiomatic construction мы́ с + the instrumental case.

1. my father and I
2. Ira and I
3. my teachers and I
4. his mother and I
5. Boris and I
6. that man and I

C. Choose the correct case for the words that follow these verbs. For example: о́н кладёт кни́гу + accusitive, because кла́сть implies a destination of the action, not a location.

1. Он положи́т письмо́+ ?
2. Она́ ве́шает карти́ну+ ?
3. Зе́ркало виси́т + ?
4. Ла́мпа стои́т+ ?
5. Вы поста́вили ва́зу + ?
6. Он стоя́л + ?
7. Портфе́ль лежа́л + ?
8. Она́ кла́ла де́ньги + ?
9. Мы пове́сили портре́т+?
10. Кни́га лежи́т + ?

D. Give the third person singular (он) and plural (они) conjugations of the following verbs, which have stems similar to those of the verbs learned in this chapter:

1. заявля́ть (to announce)

2. переста́вить (to move sth)
3. отложи́ть (to put aside)
4. вы́ставить (to display, exhibit)
5. предложи́ть (to propose)
6. сложи́ться (to form)

The Novodevichy Convent

CHAPTER 10

REVIEW CHAPTER (1-9)

In this chapter you have the opportunity to review and test some of the basic grammar and vocabulary from the first nine chapters of the book.

 Spelling Rules:

Here again for your review are listed the four essential spelling rules that MUST be committed to memory, since they can effect all declensions and conjugations:

1. Write О only if stressed after Ж, Ш, Ц, Ч, Щ; Otherwise write Е.
2. Never write Ы after Ж, Ш, Ч, Щ, Г, К, Х.
3. Never write Я or Ю after Ж, Ш, Ц, Ч, Щ, Г, К, Х.
4. Never write Ё after Ц, Г, К, Х.

 Nouns:

The following three charts summarize all six cases (nominative, accusative, genitive, dative, instrumental, prepositional) of hard and soft endings for nouns in both singular and plural. The endings are determined based on the gender of the noun and its final letter in the nominative case.

Masculine Nouns:

	(hard)	(soft)	(soft)
singular:			
final letter:	-cons	– й	– ь
nom	стол	геро́й	день
acc	стол	геро́я	день
gen	стола́	геро́я	дня
dat	столу́	геро́ю	дню
inst	столо́м	геро́ем	днём
prep	столе́	геро́е	дне

	(hard)	(soft)	(soft)
plural:			
final letter:	-cons	– й	– ь
nom	столы́	геро́и	дни
acc	столы́	геро́ев	дней
gen	столо́в	геро́ев	дней
dat	стола́м	геро́ям	дням
instr	стола́ми	геро́ями	дня́ми
prep	стола́х	геро́ях	днях

Feminine Nouns:

	(hard)	(soft)	(soft)
singular:			
	– а	– я	– ь
nom	жена́	исто́рия	роль
acc	жену́	исто́рию	роль
gen	жены́	исто́рии	ро́ли
dat	жене́	исто́рии	ро́ли
inst	жено́й	исто́рией	ро́лью
prep	жене́	исто́рии	ро́ли

	(hard)	(soft)	(soft)
plural:			
	– а	– я	– ь
nom	жёны	исто́рии	ро́ли
acc	жён	исто́рии	ро́ли
gen	жён	исто́рий	роле́й
dat	жёнам	исто́риям	роля́м
inst	жёнами	исто́риями	роля́ми
prep	жёнах	исто́риях	роля́х

Neuter Nouns:

	(hard)	(soft)	(soft)
singular:			
	- о	- е	-ие
nom	окно́	по́ле	зда́ние
acc	окно́	по́ле	зда́ние
gen	окна́	по́ля	зда́ния
dat	окну́	по́лю	зда́нию
inst	окно́м	по́лем	зда́нием
prep	окне́	по́ле	зда́нии

	(hard)	(soft)	(soft)
plural:			
	- о	- е	-ие
nom	о́кна	поля́	зда́ния
acc	о́кна	поля́	зда́ния
gen	о́кон	поле́й	зда́ний
dat	о́кнам	поля́м	зда́ниям
inst	о́кнами	поля́ми	зда́ниями
prep	о́кнах	поля́х	зда́ниях

 Adjectives:

The following charts summarize all six cases of hard and soft masculine, neuter and feminine adjective endings in the singular and plural:

hard:

	masc/neut	fem	pl
nom	ста́рый/ста́рое	ста́рая	ста́рые
acc	ста́рый/ста́рое	ста́рую	ста́рые
	ста́рого		ста́рых
gen	ста́рого	ста́рой	ста́рых
dat	ста́рому	ста́рой	ста́рым
inst	ста́рым	ста́рой	ста́рыми
prep	ста́ром	ста́рой	ста́рых

soft:

	masc/neut	fem	pl
nom	си́ний/си́нее	си́няя	си́ние
acc	си́ний/си́нее	си́нюю	си́ние
	си́него		си́них
gen	си́него	си́ней	си́них
dat	си́нему	си́ней	си́ним
inst	си́ним	си́ней	си́ними
prep	си́нем	си́ней	си́них

Pronouns:

Personal Pronouns:

Singular personal pronouns refer to "I," "you" and "he, she, it" or what is known as the first, second and third person singular forms.

gender			masc	fem	neut
#	1st	2nd	3rd	3rd	3rd
nom	я	ты	он	она́	оно́
acc	меня́	тебя́	его́	её	его́
gen	меня́	тебя́	его́	её	его́
dat	мне	тебе́	ему́	ей	ему́
inst	мной	тобо́й	им	ей	им
prep	мне	тебе́	ним	ней	ним

Corresponding to "we," "you" and "they" in English, these are the pronouns for the first, second and third person plural forms in Russian.

#	1st	2nd	3rd
nom	мы	вы	они́
acc	нас	вас	их
gen	нас	вас	их
dat	нам	вам	им
inst	на́ми	ва́ми	и́ми
prep	нас	вас	них

157

Possessive Pronouns:

Remember that его́, её, его́ ("he," "she," "it") remain the same in all cases both singular and plural.

my:	masc	fem	neuter
nom	мой	моя́	моё
acc	моего́ / мой	мою́	моё
gen	моего́	мое́й	моего́
dat	моему́	мое́й	моему́
inst	мои́м	мое́й	мои́м
prep	моём	мое́м	моём

your (sg)	masc	fem	neuter
nom	твой	твоя́	твоё
acc	твоего́ / твой	твою́	твоё
gen	твоего́	твое́й	твоего́
dat	твоему́	твое́й	твоему́
inst	твои́м	твое́й	твои́м
prep	твоём	твое́м	твоём

ours	masc	fem	neuter
nom	наш	на́ша	на́ше
acc	на́шего / наш	на́шу	на́ше
gen	на́шего	на́шей	на́шего
dat	на́шему	на́шей	на́шему
inst	на́шим	на́шей	на́шим
prep	на́шем	на́шей	на́шем

your (pl)	masc	fem	neuter
nom	ваш	ва́ша	ва́ше
acc	ва́шего / ваш	ва́шу	ва́ше
gen	ва́шего	ва́шей	ва́шего
dat	ва́шему	ва́шей	ва́шему
inst	ва́шим	ва́шей	ва́шим
prep	ва́шем	ва́шей	ва́шем

Plurals:

my/your (familiar):

nom	мои́	твои́
acc	мои́х/	твои́х/
	мои́	твои́
gen	мои́х	твои́х
dat	мои́м	твои́м
inst	мои́ми	твои́ми
prep	мои́х	твои́х

ours/yours (formal):

nom	на́ши	ва́ши
acc	на́ших/	ва́ших/
	на́ши	ва́ши
gen	на́ших	ва́ших
dat	на́шим	ва́шим
inst	на́шими	ва́шими
prep	на́ших	ва́ших

Demonstrative Pronouns:

this	masc	fem	neut	plural
nom	э́тот	э́та	э́то	э́ти
gen	э́того	э́той	э́того	э́тих
acc	э́того/	э́ту	э́то	э́тих/
	э́тот			э́ти
dat	э́тому	э́той	э́тому	э́тим
inst	э́тим	э́той	э́тим	э́тими
prep	э́том	э́той	э́том	э́тих

that	masc	fem	neut	plural
nom	тот	та	то	те
gen	того́	той	того́	тех
acc	того́/	ту	то	тех/
	тот			те
dat	тому́	той	тому́	тем
inst	тем	той	тем	те́ми
prep	том	той	том	тех

Interrogative Pronouns:

	who?	why?
nom	кто	что
acc	кого́	что
gen	кого́	чего́
dat	кому́	чему́
inst	кем	чем
prep	ком	чём

Negative Pronouns:

nom	никто́	ничто́
acc	никого́	ничто́
gen	никого́	ничего́
dat	никому́	ничему́
inst	нике́м	ниче́м
prep	ни о ко́м	ни о чём

The Word весь:

	singular:		plural:
	masc/neut	fem	all genders
nom	весь/всё	вся	все
acc	весь/всё	всю	все/
(anim)	всего́		всех
gen	всего́	всей	всех
dat	всему́	всей	всем
inst	всем	всей	все́ми
prep	всём	всей	всех

Interrogative Possessive Pronouns:

	masc	neuter	fem	plural
nom	чей	чьё	чья	чьи
acc	чей/ чьего́	чьё	чью	чьи/ чьих
gen	чьего́	чьего́	чьей	чьих
dat	чьему́	чьему́	чьей	чьим
inst	чьим	чьим	чьей	чьи́ми
prep	чьём	чьём	чьей	чьих

Verbal Conjugation:

This chart of verbal conjugation endings gives the present tense forms for imperfective verbs and the future tense forms for perfective verbs, for which there is no present tense.

singular	Type I	Type II
я	-ю	-ю
ты	-ешь	-ишь
он	-ет	-ит
plural		
мы	-ем	-им
вы	-ете	-ите
они	-ют	-ят

Remember that as a result of the restrictions created by the four spelling rules, some of these endings occasionally are spelled differently with -у and -а replacing -ю and -я.

The future tense for imperfective verbs is created with the use of the necessary future tense form of the verb быть ("to be") and the infinitive of the imperfective verb. For example: Я бу́ду чита́ть. I will read.

я бу́ду + infinitive   мы бу́дем + infinitive
ты бу́дешь + infinitive вы бу́дете + infinitive
он бу́дет + infinitive   они бу́дут + infinitive

The past tense for both imperfective and perfective verbs is formed from the infinitive stem. Remove the -ть and add the appropriate past tense ending.

чита́ть: он чита́л/она́ чита́ла/
        оно́ чита́ло/они́ чита́ли

он	-л	оно́	-ло
она́	-ла	они́	-ли

Review Exercises:

Now that you have reviewed most of the major grammar points of the first nine chapters, try your hand at these review exercises. If you find you cannot complete the exercises without looking back at the chapter, then go back and reread the appropriate parts of the necessary chapter again before attempting to complete these exercises.

A. Form the nominative plural of the following nouns and pronouns:

1. эта умная студентка
2. вся книга
3. их старый отец
4. её уважаемый писатель
5. его большой герой
6. ваша красивая жена
7. твой уютный дом
8. вкусное белое вино
9. мой странный профессор
10. какой сильный дождь

B. Form the accusative singular and plural of the following nouns and pronouns:

1. этот громкий спор
2. мой младший брат
3. ваше удовольствие
4. её талантливая мать
5. наша узкая улица
6. их русская ночь
7. ваша хорошая поэзия
8. всё красное перо
9. длинная очередь
10. моя злая сестра

C. Form the genitive singular and plural of the follwing nouns and pronouns:

1. ва́ша но́вая блу́зка
2. та ста́рая ло́шадь
3. знамени́тый худо́жник
4. весь костю́м
5. э́то зелёное по́ле
6. то удо́бное кре́сло
7. молода́я же́нщина
8. его́ неизве́стное и́мя
9. како́й тёмный лес
10. то широ́кое о́зеро

D. Form the dative singular and plural of the following nouns and pronouns:

1. на́ше дли́нное собра́ние
2. ваш молодо́й учи́тель
3. её удо́бная кварти́ра
4. та жа́ркая ночь
5. твоя́ у́тренняя газе́та
6. весь студе́нт
7. мой мла́дший сын
8. тру́дное предложе́ние
9. смешно́й ма́льчик
10. весе́нний цвето́к

E. Form the instrumental singular and plural of the following nouns and pronouns:

1. то широ́кое по́ле
2. э́та се́рая ту́ча
3. большо́е де́рево
4. её университе́т
5. э́тот хоро́ший магази́н
6. мой но́вый друг
7. э́тот ни́зкий стол
8. популя́рная астроно́мия
9. тот небольшо́й го́род
10. его́ удо́бный дива́н

F. Form the prepositional singular and plural of the following nouns and pronouns:

1. ваша хорошая отметка
2. весь готовый буфет
3. это глубокое озеро
4. наш студенческий клуб
5. их разный размер
6. моя любимая песня
7. твой несчастный отец
8. мой важный гость
9. её маленькая роль
10. эта последняя станция

G. Indicate which grammatical case is needed after the following prepositions. Remember that some prepositions may take more than one case.

1. вокруг
2. на
3. к
4. при
5. после
6. через
7. у
8. против
9. между
10. под
11. за
12. с
13. о
14. для
15. над
16. по
17. в
18. кроме
19. благодаря
20. около

H. Put the following nominative case pronouns into the required cases after the following prepositions:

1. без (я)
2. между (мы)
3. к (ты)
4. с (вы)
5. для (он)
6. о (они)
7. над (ты)
8. у (мы)
9. против (оно)
10. на (я)
11. мимо (вы)
12. про (она)

I. Answer the following questions formed with interrogative pronouns with the correct negative pronoun:

1. о ком?
2. кто?
3. чем?
4. чего?
5. кому?

6. что?
7. с кем?
8. о чём?
9. кого?
10. чему?

J. Form the present tense ты and они forms of the following imperfective verbs. Don't forget the irregular verb forms that you've learned!

1. забыть
2. говорить
3. советовать
4. хотеть

5. плавать
6. любить
7. смотреть
8. делать

K. Form the third person singular (он) future and masculine (он) past tenses of the following verbs, which are marked (I) for imperfective verbs and (P) for perfective verbs:

1. смочь (P)
2. сказать (P)
3. найти (P)
4. мешать (I)

5. гордиться (I)
6. закончить (P)
7. стать (P)
8. требовать (I)

CHAPTER 11

VISITING FRIENDS

11.1 DIALOGUES: 📼

Listen to the following dialogues on the tape, noting where the stress falls in each word. Then read the dialogues aloud first with the tape and then a second time without it.

A.

1 Лев Николаевич: Здравствуйте, я --
    Лев Николаевич, а это моя
    жена Олена Васильевна.
  Наталья Фёдоровна: Я -- Наталья
5   Фёдоровна. Здравствуйте. Ну,
    входите. Раздевайтесь.
  Лев Николаевич: Спасибо. А Сергей
    Андреевич дома?
  Наталья Фёдоровна: Он пошёл
10   купить молоко, скоро вернётся.
    Легко нас нашли?
  Лев Николаевич: Не совсем. Мы
    как-то заблудились, но надеюсь
    что не опоздали?
15 Наталья Фёдоровна: Нет-нет. Пришли
    вовремя. Садитесь, пожалуйста.
    Чаю хотите?
  Олена Васильевна: Спасибо, с
    удовольствием. Очень холодно
20   на улице.
  Наталья Фёдоровна: Сейчас поставлю
    чайник.

Оле́на Васи́льевна: Кака́я краси́вая
                    кварти́ра!
25 Лев Никола́евич: И больша́я!
    Ната́лья Фёдоровна: Спаси́бо. Мы
                    здесь живём вме́сте с мои́ми
                    роди́телями. Поэ́тому, мне
                    ка́жется, что кварти́ра дово́льно
30   ма́ленькая. Ну, что де́лать.
    Оле́на Васи́льевна: У вас есть де́ти?
    Ната́лья Фёдоровна: Нет, ещё нет.
                    Мы жени́лись то́лько год наза́д.
                    А у вас?
35 Оле́на Васи́льевна: Да, у нас два
                    ма́леньких сы́на.
    Ната́лья Фёдоровна: Ах, как прия́тно!
    Лев Никола́евич: Да, мы о́чень
                    счастли́вы.
40 Ната́лья Фёдоровна: А вот идёт
                    Серге́й!
    Лев Никола́евич: Здра́вствуйте
                    Серге́й Андре́евич! Разреши́те
                    предста́вить вам мою́ жену́.
45   Оле́на Васи́льевна.
    Серге́й Андре́евич: О́чень рад. А вы
                    коне́чно уже́ познако́мились с
                    мое́й жено́й, да?
    Ната́лья Фёдоровна: Ну коне́чно, мы
50   уже́ чай пьём и говори́м о
                    детя́х.
    Серге́й Андре́евич: Прости́те за
                    опозда́ние.
    Лев Никола́евич: Да, ничего́.
55 Ната́лья Фёдоровна: Вот, пожа́луйста,
                    бери́те пиро́г. Я его́ сама́
                    спекла́.
    Оле́на Васи́льевна: Как вку́сно!

В.

I   Сла́ва: Приве́т!
    Лю́ба: А, Сла́ва, здра́вствуй. Ну
                    входи́. Раздева́йся.

167

Сла́ва: Спаси́бо. Я весь промо́к

5 наскво́зь. Си́льно идёт дождь.

Лю́ба: Ничего́. Дай сюда́ пальто́. Я
его́ пове́шу в шкаф. Оно́ там
вы́сохнет.

Сла́ва: А Ма́ша и Гри́ша приду́т?

10 Лю́ба: Нет, к сожале́нию, они́
позвони́ли, что не мо́гут
прийти́. Гри́ша бо́лен.

Сла́ва: Жаль. Ну, а как ты живёшь?

Лю́ба: Так себе́. Мно́го занима́юсь.

15 Сла́ва: Поня́тно. Я то́же.

Лю́ба: Хо́чешь ча́ю?

Сла́ва: Да, спаси́бо. Я принёс
пече́нья.

Лю́ба: Как хорошо́! Пошли́ в ку́хню.

11.2 NOTES ON THE DIALOGUES:

A.

6. входи́те. раздева́йтесь   These are
two of the most commonly heard imperatives.
Notice that the verbs used are imperfective to
soften the tone of the command into a
request.

9. пошёл купи́ть   This is the past tense
masculine form of one of the verb for "to go
by foot." Used in conjunction with an
infinitive, it has the meaning: "to go to buy."

17. ча́ю хоти́те?   An elliptical phrase with
the verb пить ("to drink") left out, the word
for tea here is in the partitive genitive with a
special ending in -ю. See the note in section
B, line #16 for more details.

20. на у́лице   Literally, this phrase means "on the street" but its idiomatic meaning is "outside."

21-22. поста́влю ча́йник   Russian uses the verb "to put" with the preparation of a tea pot.

33. жени́лись   When this verb is used with the reflexive suffix and no preposition, it has the meaning of "to be married to each other."

35-36. два́ ма́леньких сы́на
Remember that after the numbers "two," "three" and "four" the adjective takes the genitive plural and the noun requires the genitive singular.

40. вот идёт   This is the idiomatic expression for "here comes ... ".

46. о́чень рад   This is another commonly used elliptical response used in introductions. The rest of the phrase познако́миться с вами ("to meet you") is implied.

56-57. сама́ спекла́   The verb "to bake" has an unusual past tense form that is not derived from the infinitive: спечь. "Oneself" is expressed with the word сам which is declined like a a short-form adjective. See the grammar section for details on usage and formation.

В.

4. весь промо́к насквозь   This is the irregular masculine past tense of the verb for "to get soaked" промо́кнуть. Насквозь is an adverb meaning here "through and through."

5. идёт дождь   The verb "to go (by foot)" is used idiomatically to express the idea of rain falling.

6. дай сюда́   This is the imperative form of the verb дать which takes an adverb denoting motion towards a destination, instead of location.

16. хо́чешь ча́ю?   When "some of" something is specified, rather than all of it, the object is expressed in the genitive. Some masculine nouns have a special partitive genitive ending in -y or -ю, used when the noun is not modified. Besides чай (tea), other nouns that take this ending include: са́хар (sugar), суп (soup), сыр (cheese) and шокола́д (chocolate).

11.3 VOCABULARY:

бо́лен/больна́/-о/-ы	ill/-f/-n/-pl
большо́й	big
вку́сный	tasty
вме́сте	together
во́время	on time
вот	here (is)
где	where
год	year
де́ти	children
два	two
дово́льно	rather
дождь	rain
ещё	still
жаль	pity
жена́	wife
здесь	here
здра́вствуй(те)	hello
ка́к-то	some how

кварти́ра	apartment
коне́чно	of course
краси́вый	beautiful
ку́хня	kitchen
легко́	easy/easily
ма́ленький	small
молоко́	milk
наза́д	ago
насквозь	through
опозда́ние	lateness
о́чень	very
пальто́ (indec)	overcoat
пече́нья	cookies
пиро́г	pie
поня́тно	understandable
поэ́тому	therefore
приве́т	hi
роди́тели	parents
сам/сама́	oneself/-f
сейча́с	now
си́льно	strongly, hard
ско́ро	soon
совсе́м	completely
спаси́бо	thanks
счастли́вый	happy
сюда́	to over here
сын	son
то́лько	only
уже́	already
хо́лодно	cold
чай	tea
ча́йник	teapot
шкаф	closet

Phrases:

вот идёт	here comes
дай сюда́	give (it) here
идёт дождь	it's raining
ка́жется что	seems that
как ты живёшь?	how are ya?
как прия́тно!	how nice!
к сожале́нию	unfortunately
на у́лице	outside

ничего́	that's ok
поста́влю ча́йник	I'll make tea
пошли́	let's go
прости́те за + acc	excuse me for
с удово́льствием	gladly
та́к себе	so-so
хоти́те ча́ю?	will you have tea?

Verbs:

бра́ть (беру́, берёшь, беру́т) (I)	to take
бы́ть (бу́ду, бу́дешь, бу́дут) (I)	to be
верну́ться (верну́сь, вернёшься, верну́тся) (I)	to return, come back
входи́ть (вхожу́, вхо́дишь, вхо́дят) (II)	to enter
вы́сохнуть (I)	to dry out
говори́ть (II)	to speak
дава́ть (даю́, даёшь, даю́т) (I)	to give
да́ть (да́м, да́шь, да́ст, дади́м, дади́те, даду́т)	to give
де́лать (I)	to do
жени́ться (II)	to marry one another
жи́ть (живу́, живёшь, живу́т) (I)	to live
заблуди́ться (заблужу́сь, заблу́дишься, заблу́дятся) (II)	to get lost
занима́ться (I)	to be occupied
идти́ (иду́, идёшь, идут) (I)	to go by foot
купи́ть (II)	to buy
наде́яться (наде́юсь, наде́ешься, наде́ются) (I)	to hope
найти́ (найду́, найдёшь, найду́т) (I)	to find
опозда́ть (I)	to be late

пить (пью, пьёшь, пью́т) (I)	to drink
позвони́ть (II)	to call
познако́миться (познако́млюсь, познако́мишься, познако́мяться) (II)	to get to know
пойти́ (пойду́, пойдёшь пойду́т) (I)	to go (by foot)
поста́вить (поста́влю, поста́вишь, поста́вят) (II)	to place
предста́вить (предста́влю, предста́вишь, предста́влять) (II)	to introduce
прийти́ (приду́, придёшь, приду́т) (I)	to arrive, come
принести́ (принесу́, принесёшь, принесу́т) (I)	to carry, bring
промо́кнуть (I)	to get soaked
прости́ть (прощу́, прости́шь, простя́т) (II)	to forgive
раздева́ться (I)	to get undressed
разреши́ть (II)	to allow, permit
сади́ться (сажу́сь, сади́шься, садя́тся) (II)	to sit down
спе́чь (спеку́, спечёшь, спеку́т) pt: (спёк, спекла́)(I)	to bake
хоте́ть (хочу́, хо́чешь, хо́чет, хоти́м, хоти́те, хотя́т)	to want

11.4 GRAMMAR:

Verbs of Motion:

The means or manner by which one "goes" in Russian is distinguished by one's choice of verbs. In addition to being perfective and imperfective, verbs of motion also distinguish between unidirectional and multidirectional travel. Their usage is determined from the context of the sentence.

Unidirectional forms are used when:
-if at the moment of speaking or observing the subject is moving in one direction.
-if at the moment of speaking or observing the subject is moving towards a specified destination.
-the movement being described, although repeated, is always only in one direction.

Multidirectional forms are used when:
-if at the moment of speaking or observing the subject is moving in various directions.
-the movement is repeated, habitual or routine.
-a roundtrip is being described.
-a general statement of movement is made.

Here now are the four most basic and commonly used non prefixed verbs of motion. All four are imperfective.

to walk: идти́ / ходи́ть

	unidirectional:	multidirectional:
present tense:		
я	иду́	хожу́
т ы	идёшь	хо́дишь
о н	идёт	хо́дит
м ы	идём	хо́дим
в ы	идёте	хо́дите
о н и	иду́т	хо́дят

past tense:

он	шёл*	ходи́л
она́	шла	ходи́ла
оно́	шло	ходи́ло
они́	шли	ходи́ли

imperatives:

иди́(те)!   ходи́(те)!

*Note the highly irregular past tense forms.

Куда́ ты идёшь?
Where are you going?
Он ходи́л в магази́н.
He went to the store (and returned).

to drive: е́хать/е́здить

	unidirectional	multidirectional
present tense:		
я	е́ду	е́зжу
ты	е́дешь	е́здишь
он	е́дет	е́здит
мы	е́дем	е́здим
вы	е́дете	е́здите
они	е́дут	е́здят

past tense:

он	е́хал	е́здил
она́	е́хала	е́здила
оно́	е́хало	е́здило
они́	е́хали	е́здили

imperatives:

поезжа́й(те)! е́зди(те)

Мы е́здили в Нью-Йо́рк в суббо́ту.
We went to New York on Saturday (and returned).
Мы опа́здываем в теа́тр, поэ́тому пое́дем
на такси́.
We're late for the theater, therefore we'll take a cab.

The meanings of verbs of motion are further specified by use of a multitude of different prefixes. Note these prefixed verbs of motion that are found in the dialogues to this chapter. Prefixed unidirectional verbs of motion are perfective in aspect and will be discussed in greater depth in later chapters.

infinintive: пойти́   прийти́   входи́ть

future tense: present:

я	пойду́	приду́	вхожу́
ты	пойдёшь	придёшь	вхо́дишь
о́	пойдёт	придёт	вхо́дит
мы	пойдём	придём	вхо́дим
вы	пойдёте	придёте	вхо́дите
они	пойду́т	приду́т	вхо́дят

past tense:

он	пошёл	пришёл	входи́л
она́	пошла	пришла́	входи́ла
оно́	пошло	пришло́	входи́ло
они́	пошли	пришли́	входи́ли

imperatives:
　　　　пойди́(те)! приди́(те)! входи́(те)!

Appositives:

When an explanatory or classifying phrase occurs after a noun or pronoun in Russian, this appositive phrase must be in the same case as the words which it modifies.

Мы ви́дели Ива́на, моего́ бра́та.
We saw Ivan, my brother.
Они́ говори́ли об А́нне, мое́й мла́дшей сестре́.
They spoke with Anna, my younger sister.

Titles of books, songs, plays, concerts etc. must also be declined according to their usage in a sentence, except when they occur as an appositive.

Он писа́л «А́нну Каре́нину».
He wrote *Anna Karenina.*
Она́ чита́ла кни́гу «А́нна Каре́нина».
She read the book, *Anna Karenina.*

Reflexive Pronoun себя́:

The pronoun себя́ (oneself) refers back to the subject in the sentence and translates variously as myself, himself, ourselves, themselves etc. depending on context.

Он купи́л для себя́ но́вый автомоби́ль.
He bought himself a new car.
Она́ всегда́ говори́т о себе́.
She always talks about herself.
Я подари́ла себе́ цветы́.
I gave myself flowers.

acc	себя́
gen	себя́
dat	себе́
inst	собо́й
prep	себе́

Intensive Pronoun сам:

Although it often translates into English the same as себя́, the pronoun сам is an intensifier rather than a reflexive. It places emphasis on a noun or pronoun.

Он тогда́ сам не знал, что де́лать.
He himself didn't know what to do at that point.

Она́ сама́ никогда́ не была́ в Евро́пе.
She herself had never been to Europe.
Я сама́ не понима́ю, что случи́лось.
I myself don't understand what happened.
Мы са́ми не зна́ли где мы бы́ли.
We ourselves didn't know where we were.

	masc/neut	fem	plural
nom	сам/само́	сама́	са́ми
acc	сам/само́ самого́	саму́	са́ми/ сами́х
gen	самого́	само́й	сами́х
dat	самому́	само́й	сами́м
inst	сами́м	само́й	сами́ми
prep	само́м	само́й	сами́х

Reciprocal Pronoun друг дру́га:

Друг дру́га may be translated as either "one another" or "each other." It declines like a regular hard masculine noun.

Мы помога́ем друг дру́гу.
We help one another.
Они́ ненави́дят друг дру́га.
They hate one another.

acc	друг дру́га
gen	друг дру́га
dat	друг дру́гу
inst	друг (с) дру́гом
prep	друг о дру́ге

11.5 EXERCISES:

A. Translate the following forms using nonprefixed verbs of motion. Provide both the unidirectional and multidirectional forms:

1. I am walking
2. she walked
3. they are driving
4. we are walking
5. he drove

6. she is walking
7. we drove
8. I am driving
9. you (sg) are walking
10. he is driving

B. Form the second person singular (ты) and third person plural (они) forms of the following verbs with stems similar to those in this chapter's vocabulary:

1. приходи́ть (to arrive)
2. вы́йти (to exit)
3. перее́хать (to move)
4. уе́хать (to drive away)
5. зайти́ (to stop in)
6. отнести́ (to carry away)
7. сходи́ть (to get off)

C. Translate the following sentences being careful to distinguish between the usage of сам and себя́.

1. Here comes the professor himself!
2. Buy yourself a new overcoat.
3. Did he bring his book with him?
4. My mother told me that herself.
5. I myself don't know what I want.
6. She does everything herself.
7. They wrote the letter themselves.

D. Translate the following sentences using the correct declension of друг дру́га.

1. We didn't know about one another.
2. They love each other.
3. We usually don't talk about one another.
4. Do they send each other books?
5. We often talk with one another.

A theater billboard in Moscow

CHAPTER 12

TRAVEL AND TRANSPORT

12.1 DIALOGUES: 📼

Listen to the following dialogues on the tape, noting where the stress falls in each word. Then read the dialogues aloud first with the tape and then a second time without it.

A.

1 Илья́ Игоревич: Почему́ вы молчи́те
  сего́дня? О чём вы мечта́ете?
 Любо́вь Леони́довна: Ле́то наступа́ет
  и мне хо́чется путеше́ствовать.
5 Илья́ Игоревич: Куда́ вы хоти́те
  пое́хать?
 Любо́вь Леони́довна: Ка́ждый год мы
  с му́жем возвраща́емся в тот
  го́род, где мы первый раз
10 встре́тились.
 Илья́ Игоревич: Каки́е рома́нтики!
  Где и́менно?
 Любо́вь Леони́довна: Этим ле́том мы
  опя́ть собира́емся пое́хать в
15 Пари́ж.
 Илья́ Игоревич: Большинство́ из нас
  счита́ли бы за сча́стье е́здить в
  Пари́ж ежего́дно
 Любо́вь Леони́довна: Мне не́ на что
20 жа́ловаться, но я хоте́ла бы
  измени́ть на́ши пла́ны в э́том
  году́.
 Илья́ Игоревич: Ничего́ нет про́ще.
 Любо́вь Леони́довна: Да?

25 Илья́ И́горевич: Да, ва́м на́до то́лько
оъясни́ть му́жу, что вы хоти́те
пое́хать в другу́ю страну́.
Любо́вь Леони́довна: По-мо́ему, вы
пра́вы.
30 Илья́ И́горевич: Я жела́ю вам успе́ха
и счастли́вого пути́!
Любо́вь Леони́довна: Спаси́бо.

B.

1 Фома́: Что случи́лось? Ты обеща́ла
посла́ть мне отркы́тку из
Герма́нии, а я ничего́ не
получи́л.
5 Же́ня: Я не понима́ю. Я купи́ла
откры́тку, написа́ла посла́ние,
принесла́ её на по́чту и
посла́ла.
Фома́: Ты не забы́ла проста́вить
10 но́мер до́ма?
Же́ня: Нет, коне́чно.
Фома́: Мо́жет быть, ты не перевела́
мой а́дрес на неме́цкий?
Же́ня: Нет-нет, перевела́.
15 Фома́: Ты запо́лнила а́дрес
отправи́теля?
Же́ня: Да. Пове́рь мне, я всё сде́лала
как на́до.
Фома́: Гмм. Мо́жет быть, они́
20 посла́ли её парохо́дом, а не
самолётом?
Же́ня: Ты смеёшься над мно́й, да?
Фома́: Коне́чно!
Же́ня: Ну, я ра́да что ты смеёшься, а
25 не обижа́ешься. Я
действи́тельно посла́ла тебе́
отркры́тку!
Фома́: Я тебе́ ве́рю.

12.2 NOTES ON THE DIALOGUES:

A.

7-10. Ка́ждый го́д мы́ возвраща́емся в тот го́род, где мы пе́рвый раз встре́тились. Note the use of imperfective after "every year" because of the repetition implied and the the perfective of "to meet" because it refers to that one instance that transpired long ago.

16. большинство́ из This translates as "the majority of" but even without the preposition here requiring the genitive, this word expressing quantity requires the genitive case.

17-18. счита́ли бы за сча́стье This express translates approximately as "to consider oneself lucky."

21. мне не на что жа́ловаться Remember that Russian often uses impersonal constructions: "there was nothing for me to complain about."

23. ничего́ нет про́ще Remember that double negatives are the norm in Russian.

28. по-мо́ему This elliptical phrase literally means "according to my opinion" or "in my opinion." Similar expressions are formed to mean in your opinion (по-тво́ему, по-ва́шему), etc.

30-31. жела́ю вам успе́ха и счастли́вого пути́! The verb "to wish" requires a direct object in the genitive and an indirect object in the dative.

B.

2-3. из Герма́нии   To designate something originating someplace, Russian uses the preposition из but for the origin of people the preposition от is necessary.

7. на по́чту   Remember that "post office" is one of the nouns that requires the preposition на rather than в.

18. как на́до   Literally this means "as I was supposed to" or "as necessary."

19. гмм   Since Russian does not have an "h" sound, words that would be spelled with that sound in English like "hmm" take the г sound instead.

19-20. посла́ли парохо́дом, а не самолётом Remember that the instrumental case is used to show manner or means, thus "sent by boat rather than airplane" takes the intsrumental.

25. не обижа́ешься   Negated verbs almost always take the imperfective form.

12.3 VOCABULARY:

а́дрес	address
го́род	city
действи́тельно	really, truly
ежего́дно	annually
и́менно	exactly, precisely
ка́ждый	every
коне́чно	of course
ле́то	summer

неме́цкий	German (adj)
пе́рвый	first
почему́	why
раз	time, occasion
опя́ть	again
отркы́тка	postcard
Пари́ж	Paris
парохо́д	ship
пла́ны	plans
по́чта	post office
пра́в/-а/-о/-ы	right/-f/-n/-pl
самолёт	airplane

Phrases:

а́дрес отправи́теля	return address
большинство́ из+ gen	the majority of
в тот го́род	in that city
в э́том году́	this year
жела́ю успе́ха и счастли́вого пути́!	I wish you success and a good trip!
из Герма́нии	from Germany
каки́е рома́нтики!	what romantics!
мне хо́чется...	I feel like...
не́ на что жа́ловаться	nothing to complain about
ничего́ нет про́ще	there's nothing simpler
перевести́ на + acc	to translate into
пове́рь мне	believe me
по-мо́ему	in my opinoin
смея́ться над + inst	to laugh at
счита́ли бы за сча́стье	would be considered lucky
что случи́лось?	what happened?
э́тим ле́том	this summer

Verbs:

ве́рить (II)	to believe
возвраща́ться (I)	to return
встре́титься (встречу́сь, встре́титишься, встре́тятся) (II)	to meet, come across
жа́ловаться (I)	to complain

185

жела́ть (I)	to wish
забы́ть (забу́ду, забу́дешь, забу́дут)(I)	to forget
запо́лнить (II)	to fill out, fulfill
мечта́ть (I)	to dream
молча́ть (молчу́, молчи́шь, молча́т) (II)	to be silent
написа́ть (напишу́, напи́шешь, напи́шут) (I)	to write
обеща́ть (I)	to promise
обижа́ться (I)	to take offense
объясни́ть (II)	to explain
перевести́ (переведу́, переведёшь, переведу́т) pt:(перевёл, перевела́)	to translate
пове́рить (II)	to believe
пое́хать (пое́ду, пое́дешь, пое́дут) (II)	to drive
получи́ть (II)	to receive
понима́ть (I)	to understand
посла́ть (пошлю́, пошлёшь, пошлю́т) (I)	to send
принести́ (приесу́ принесёшь, принесу́т) (I)	to bring, fetch
проста́вить (II)	to fill in
путеше́ствовать (I)	to travel
случи́ться (II)	to happen
смея́ться (I)	to laugh
собира́ться (I)	to get ready to
счита́ть (I)	to consider

12.4 GRAMMAR:

More Verbs of Motion:

The use of unidirectional and multidirectional unprefixed verbs of motion depends not only on the logical directional movement described, but also on the tense of the verb.

For instance, unidirectional verbs in the past and future tense forms suggest instantaneous action and commonly occur in passages that describe a scene in step-by-step detail. Multidirectional past tense verbs stress that the subject has been and returned from his destination.

Remember, also, that since verbs of motion usually always at least imply destination, they require locations after the prepositions в and на to be in the accusative case.

Here are several more of the most commonly encountered unprefixed verbs of motion.

to fly: лете́ть/лета́ть

	unidirectional:	multidirectional:
present tense:		
я	лечу́	лета́ю
ты	лети́шь	лета́ешь
он	лети́т	лета́ет
мы	лети́м	лета́ем
вы	лети́те	лета́ете
они́	летя́т	лета́ют

past tense:		
он	лете́л	лета́л
она́	лете́ла	лета́ла
оно́	лете́ло	лета́ло
они́	лете́ли	лета́ли

imperatives:

лети́(те)! лета́й(те)!

За́втра он лети́т в Москву́.
Tomorrow he's flying to Moscow (one way).
Ка́ждую зи́му мы лета́ем на юг.
Every winter we fly south.

to run: бежа́ть/бе́гать

	unidirectional:	multidirectional:
present tense:		
я	бегу́	бе́гаю
ты	бежи́шь	бе́гаешь
он	бежи́т	бе́гает
мы	бежи́м	бе́гаем
вы	бежи́те	бе́гаете
они́	бегу́т	бе́гают

past tense:		
он	бежа́л	бе́гал
она́	бежа́ла	бе́гала
оно́	бежа́ло	бе́гало
они́	бежа́ли	бе́гали

imperatives:

беги́(те)! бе́гай(те)!

Они́ опа́здывают и бегу́т к авто́бусной остано́вке.
They are late and run towards the bus stop.
Ребёнок бе́гает в саду́.
The child is running in the garden (various directions).

Negative Adverbs:

когда́	when	никогда́	never
где	where	нигде́	nowhere
куда́	to where	никуда́	to nowhere
како́й	what kind of	никако́й	no kind of

188

Remember that because of double negation in Russian, a negated verb requires a negative adverb.

Он никогда́ не был в Босто́не.
He has never been to Boson.
Она́ нигде́ не могла́ найти́ ключ.
She couldn't find the key anywhere.
Мы никуда́ не е́здим ле́том.
We aren't going anywhere in the summer.

Reflexive Possessive Pronoun свой:

When speaking of something of one's own, the word to express possession is свой. It must be used to avoid ambiguity when the subject of the sentence who has possession is a noun or third person pronoun. It is also mandatory in impersonal constructions. Свой may only be used if it appears in the same clause as the subject who has possession.

Бо́ря посла́л своё письмо́.
Borya sent his (own) letter.
Бо́ря посла́л его́ письмо́.
Borya sent his (could be anyone's) letter.
Она́ написа́ла своему́ бра́ту.
She wrote to her (own) brother.
Она́ написа́ла её бра́ту.
She wrote to her (could be someone else's) brother.
На́до уважа́ть свои́х роди́телей.
One must respect one's parents.
Она́ сказа́ла, что её (not своя́) дочь вы́шла за́муж.
She said that her daughter is married.

Свой cannot be used when the thing possessed shares the same grammatical role as the person who has possession.

За́втра Са́ша и его́ (not свой) брат прихо́дят в го́сти.
Sasha and his brother are coming to visit tomorrow.

Он и его́ (not своя́) сестра́ пое́хали на
конце́рт.
He and his siter went to a concert.

Свой declines like мой and твой in all cases
and agrees in gender and number with the noun
that it modifies.

	masc/neut	fem	plural
nom	свой/своё	своя́	свои́
acc	свой/своё своего́	свою́	свои́/свои́х
gen	своего́	свое́й	свои́х
dat	своему́	свое́й	свои́м
inst	свои́м	свое́й	свои́ми
prep	своём	свое́й	свои́х

Substantivized Adjectives:

As seen in some of the dialogues, there are some
nouns that look like and decline like adjectives. This
is because they had previously been adjectives that
described a noun in a noun phrase, in which the
noun has since been dropped. For example,
больно́й (челове́к), ва́нная (ко́мната),
насеко́мое (существо́). Given below is a
common list of such substantivized adjectives:

больно́й	patient
бу́лочная	bakery
ва́нная	bathroom
взро́слый	adult
гости́ная	living room
живо́тное	animal
моло́чная	dairy
моро́женое	ice cream
насеко́мое	insect
рабо́чий	workman
столо́вая	dining room
учёный	scholar
шампа́нское	champagne

Soft Adjectives:

As you know, there are a number of adjectives that are considered "soft" because of the nature of their final letters. These adjectives are "soft" regardless of the softness or hardness of the nouns that they modify. When declined, these adjectives require the "soft" variant of adjectival endings in all six cases. Given below is a list of some of the most common "soft" adjectives in their masculine nominative forms:

ве́рхний	upper
весе́нний	spring
вече́рний	evening
вне́шний	external
вну́трений	internal
вчера́шний	yesterday's
да́льний	distant
дома́шний	home, domestic
дре́вний	ancient
за́втрашний	tomorrow's
за́дний	back, rear
зи́мний	winter
и́скренний	sincere
кра́йний	extreme
ле́тний	summer
ли́шний	extra
ни́жний	lower
осе́нний	fall
пере́дний	front
по́здний	late
после́дний	last
ра́нний	early
сего́дняшний	today's
си́ний	dark blue
сосе́дний	neighboring
сре́дний	middle
у́тренний	morning

12.5 EXERCISES:

A. Translate the following forms using nonprefixed verbs of motion. Provide both the unidirectional and multidirectional forms:

1. he is flying
2. I run
3. they flew

4. they ran
5. you (pl) are flying
6. I am flying

B. Give the matching negative expressions or antonyms to the following words. Be sure to match the forms provided.

1. кака́я
2. куда́
3. когда́

4. како́й
5. каки́е
6. где

C. Note the gender given and put свой into the case required by the following prepositions. Remember that there may be more than one correct answer since some prepositions take several cases.

1. о (своя́)
2. о́коло (сво́й)
3. с (своё)
4. для (своя́)
5. ме́жду (своё)
6. при (сво́й)

7. по (сво́й)
8. за (своя́)
9. у (своё)
10. в (сво́й)
11. к (своя́)
12. от (своя́)

D. Form the second person singular (ты) and third person plural (они) of the following verbs that resemble the stems of those found in this chapter's vocabulary.

1. запо́мнить (to memorize)
2. исключи́ть (to expel)
3. переписа́ть (to reprint, type)
4. отмени́ть (to repeal)
5. напо́мнить (to remind)
6. подписа́ть (to sign)

The Peter-Paul Fortress in St. Petersburg

CHAPTER 13

MOSCOW

13.1 DIALOGUES:

Listen to the following dialogues on the tape, noting where the stress falls in each word. Then read the dialogues aloud first with the tape and then a second time without it.

A.

1   Анастаси́я Петро́вна: Бу́дте добры́ и скажи́те, как мне дое́хать до Третьяко́вской галлере́и?
    Алекса́ндр Ви́кторович: Вы пое́дете
5   туда́ на маши́не?
    Анастаси́я Петро́вна: Нет, я не уме́ею води́ть маши́ну. Я хочу́ пое́хать или на авто́бусе или на метро́. Что лу́чше?
10   Алекса́ндр Ви́кторович: Быстре́е на метро́. Но е́сли вы хоти́те посмотре́ть го́род, сади́тесь на авто́бус или на трамва́й.
    Анастаси́я Петро́вна: Галлере́я о́чень
15   далеко́ отсю́да?
    Алекса́ндр Ви́кторович: Нет, на са́мом де́ле вы мо́жете да́же дойти́ пешко́м отсю́да.
    Анастаси́я Петро́вна: Отли́чно. Как
20   мне пройти́ к Третьяко́вке?
    Алекса́ндр Ви́кторович: Снача́ла иди́те пря́мо в ту́ сто́рону по э́той у́лице. Когда́ вы дойдёте до Библиоте́ки и́мени Ле́нина,

194

25   поверни́те напра́во и там вы
               найдёте галлере́ю в
               Лавру́шинском переу́лке.
   Анастаси́я Петро́вна: Благодарю́ вас
               за информа́цию.

30 Алекса́ндр Ви́кторович: Пожа́луйста.
               К сча́стью, вы попа́ли сюда́ как
               раз во́время.
   Анастаси́я Петро́вна: Что вы име́ете
               в виду́?

35 Алекса́ндр Ви́кторович: Эта галлере́я
               то́лько что откры́лась сно́ва.
               Она́ была́ закры́та на ремо́нт
               уже́ мно́го лет.
   Анастаси́я Петро́вна: Мне повезло́!

В.

1   Ми́ла: Ты когда́-нибудь был в
               Росси́и?
   Оле́г: Да, я провёл шесть ме́сяцев в
               Москве́ не́сколько лет тому́

5   наза́д.
   Ми́ла: Где ты жи́л там?
   Оле́г: Я жил в общежи́тии
               Моско́вского госуда́рственного
               университе́та на Ле́нинских

10   гора́х.
   Ми́ла: Это ста́рый университе́т?
   Оле́г: Да, о́чень. Этот изве́стный
               университе́т был откры́т в 1755
               году́.

15 Ми́ла: А где располо́жен Кремль?
   Оле́г: Кремль нахо́дится в це́нтре
               го́рода на Кра́сной пло́щади.
   Ми́ла: А что ещё есть на Кра́сной
               пло́щади?

20 Оле́г: Спа́сская ба́шня, Храм Васи́лия
               Блаже́нного, Мавзоле́й Ле́нина,
               Истори́ческий музе́й и ГУМ --
               то есть Госуда́рственный
               универса́льный магази́н.

Ми́ла: Ты посеща́л Кремль?
Оле́г: Разуме́ется! В Кремле́
находятся са́мые краси́вые
собо́ры столи́цы.
Ми́ла: Я хоте́ла бы осмотре́ть э́ти
собо́ры.
Оле́г: Ну, почему́ же ты не
полети́шь туда́?
Ми́ла: Че́стно говоря́, я бою́сь
путеше́ствовать в тех страна́х,
язы́к кото́рых я не зна́ю.
Оле́г: Это са́мая глу́пая причи́на!
На́до учи́ться говори́ть по-
ру́сски.

13.2   NOTES ON THE DIALOGUES:

A.

2. дое́хать до   With prefixes, the verbs of
motion take on more specific meanings.
Using this до- prefix and the до
preposition, this verb has the meaning of "to
get to."

3. Третьяко́вская галлере́я   The
Tretyakovsky Gallery holds an outstanding
collection of Russian and Soviet art.

4-5. пое́дете на маши́не   To express
the means of travel, Russian uses either на +
the prepositional or the means of transport in
the instrumental: маши́ной.

10. быстре́е   This is the comparative form of
the adverb бы́стро with the meaning "more
quickly."

12. садитесь на автобус   Remember that the verb pair садиться/сесть implies motion and requires the accusative case.

20. пройти к   Another example of a prefixed verb of motion this time with the meaning of "to approach, get to." Note that the word for the gallery is in its short or familiar form here.

22. идите прямо   Note that the unidirectional form of the verb of motion is used here since the directions are for the trip *to* the gallery only.

24. Библиотека имени Ленина   The Lenin Library is Russia's largest and most comprehensive library. Its collections include an estimated 36 million books.

26-27. в ... переулке   The word for lane or side street (переулок) has a "fleeting о" that is dropped when it is declined.

31. вы попали сюда   Although it is not strictly a verb of motion, попасть has the meaning of "to get somewhere" and requires adverbs that imply motion or destinations plus the accusative case.

37. закрыта на ремонт   This is a commonly seen sign meaning "closed for repairs."

38. много лет   Remember that много demands an object in the genitive plural. The genitive plural form of the word год is a completely different word: лет.

39. Мне повезло!   This is an impersonal construction, expressing the notion that someone has been lucky or fortunate.

B.

3. провёл шесть ме́сяцев   In this context the verb провести́ means to spend time and after the numbers five and above the genitive plural is required.

8-9. Моско́вского госуда́рственного университе́та   Moscow State University or (М Г У) is Russia's largest and most prestigious university.

9-10. на Ле́нинских гора́х "Lenin Hills" is the district where Moscow State University is located. It is also near the enormous sports stadium and facilities built to accomdate the 1980 Olympic Games.

13-14. в 1755 году́   When stating the year in which something occurred, one uses the prepositional case. The word for year (год) has a special – у ending in the prepositional.

15. Кремль   The word "kremlin" in Old Russian means "citadel" or "fortified place."

20. Спа́сская ба́шня   This is the "Saviour Tower," the main and tallest tower of the Kremlin, originally built in 1491. It holds the majestic 25 ton Kremlin clock.

20-21. Храм Васи́лия Блаже́нного Undoubtedly the most famous structure in Russia, St. Basil's Cathedral, (or the Cathedral of the Intercession), consists of nine unique chapels. It was built between 1555-1561 to commemorate the victory over the Kazan Khanate. Legend has it that Ivan IV ("the Terrible") had the architects blinded so that they could never build anything more beautiful.

22. Мавзоле́й Ле́нина   Since 1924 the granite (originally wooden) monument on Red Square known as Lenin's Mausoleum has held the embalmbed body of Lenin.

22-23. Истори́ческий музе́й   The huge red brick building at the northern end of Red Square is known as the Historical Museum. It was established in 1872 and contains over 57 exhibit halls.

22-24. ГУМ -- Госуда́рственный универса́льный магази́н   Stretching the length of Red Square is the State Department Store better known as GUM.

27-28. са́мые краси́вые собо́ры   The word са́мый is an intensifier and may be translated as "the most". It agrees in number and gender with the noun it modifies just like an adjective.

13.3 VOCABULARY:

авто́бус	bus
ба́шня	tower
библиоте́ка	library
быстре́е	quicker
во́время	on time
галлере́я	gallery
глу́пый	dumb, stupid
го́род	city
гора́	mountain
госуда́рственный	state (adj)
далеко́	far away
да́же	even
е́сли	if
изве́стный	famous
информа́ция	information

истори́ческий	historical
закры́т/-а/-о/-ы	closed/-f/-n/-pl
когда́-нибудь	at some time, ever
краси́вый	beautiful
Кра́сная пло́щадь	Red Square
Кремль	the Kremlin
лет	year (gen pl)
лу́чше	better
мавзоле́й	mausoleum
магази́н	store
ме́сяц	month
метро́	subway
мно́го	many
Москва́	Moscow
музе́й	museum
напра́во	to the right
не́сколько	a few, several
общежи́тие	dormitory
откры́т/-а/-о/-ы	open/-f/-n/-pl
отли́чно	excellent
отсю́да	from here
переу́лок	lane, side street
причи́на	reason
пря́мо	straight
располо́жен	situated
Росси́я	Russia
са́мый	the most
снача́ла	first
сно́ва	once again
собо́р	cathedral
ста́рый	old
страна́	country
столи́ца	capital
сюда́	to here
там	there
трамва́й	street car
туда́	to there
универса́льный	universal
университе́т	university
храм	temple
центр	center
шесть + gen	six
язы́к	language, tongue

Phrases:

бу́дте добры́	be so kind
в ту сто́рону	in that direction
води́ть маши́ну	to drive a car
говори́ть по-ру́сски	to speak Russian
идти́ пешко́м	to go by foot
или ... или	either ... or
как раз	just so happens
к сча́стью	fortunately
мне повезло́!	I lucked out!
на маши́не	by car
на ремо́нт	under repair
на са́мом де́ле	actually
по э́той у́лице	along this street
почему́ же	why in the world
разуме́ется!	naturally, of course
то есть	that is
то́лько что	just
че́стно говоря́	honestly
что вы име́ете в виду́?	what do you mean?
что ещё	what else

Verbs:

благодари́ть (II)	to thank
быть (бу́ду, бу́дешь, бу́дут) pt: (бы́л, была́)	to be
води́ть (вожу́, во́дишь во́дят) (II)	to lead
говори́ть (II)	to speak
дое́хать до (дое́ду, дое́дешь, дое́дут) (I)	to drive up to
дойти́ (дойду́, дойдёшь, дойду́т) pt: (дошёл, дошла́)	to go by up to by foot
идти́ (иду́, идёшь, иду́т) pt: (шёл, шла́)	to go by foot
име́ть (I)	to have
осмотре́ть (II)	to observe
откры́ться (откро́юсь, откро́ешься, откро́ются) (I)	to open
поверну́ть (поверну́, повернёшь,	to turn

поверну́т) (I)

повезти́ (повезу́, повезёшь, повезу́т) pt:(повёз, повезла́)	to be lucky (coll)
пое́хать (пое́ду, пое́дешь, пое́дут) (I)	to drive, go by car
попа́сть (попаду́, попадёшь, попаду́т) (I)	to get somewhere
посеща́ть (I)	to visit
посмотре́ть (II)	to observe
провести́ (проведу́, проведёшь, проведу́т) pt: (провёл, провела́)(I)	to spend (time)
пройти́ к (пройду́, пройдёшь, пройду́т) (I)	to approach
путеше́ствовать (I)	to travel
уме́ть (уме́ю, уме́ешь, уме́ют) (I)	to know how
учи́ться	to study, learn

13.4 GRAMMAR:

More Verbs of Motion:

Here are three more pairs of commonly encounterd nonprefixed verbs of motion.

to carry, take, bring (by hand): нести́/носи́ть

	unidirectional:	multidirectional:
present tense:		
я	несу́	ношу́
ты	несёшь	но́сишь
он	несёт	но́сит
мы	несём	но́сим
вы	несёте	но́сите
они́	несу́т	но́сят

past tense:

	unidirectional	multidirectional
он	нёс	носи́л
она́	несла́	носи́ла
оно́	несло́	носи́ло
они́	несли́	носи́ли

imperatives:

неси́(те)!   носи́(те)!

Когда́ мы встре́тились, он нёс ребёнка на рука́х.
When we met, he was carrying a child in his arms.
Ка́ждый день она́ но́сит свои́ кни́ги в шко́лу.
She carries her books to school every day.

to lead, guide, bring along (by hand):
вести́/води́ть

	unidirectional:	multidirectional:
present tense:		
я	веду́	вожу́
ты	ведёшь	во́дишь
он	ведёт	во́дит
мы	ведём	во́дим
вы	ведёте	во́дите
они́	веду́т	во́дят

past tense:

он	вёл	води́л
она́	вела́	води́ла
оно́	вело́	води́ло
они́	вели́	води́ли

imperatives:

веди́(те)!   води́(те)!

Куда́ ты ведёшь свои́х дете́й?
Where are you taking your children?

Она́ ча́сто во́дит свои́х дете́й в библиоте́ку.
She often takes her children to the library.

to lead, guide, bring along (by car): везти́ / вози́ть

	unidirectional:	multidirectional:
present tense:		
я	везу́	вожу́
ты	везёшь	во́зишь
он	везёт	во́зит
мы	везём	во́зим
вы	везёте	во́зите
они́	везу́т	во́зят

past tense:		
он	вёз	вози́л
она́	везла́	вози́ла
оно́	везло́	вози́ло
они́	везли́	вози́ли

imperatives:

вези́(те)!   вози́(те)!

Они́ везу́т о́вощи на ры́нок.
They are taking vegetables to the market.
Ка́ждую неде́лю он во́зит свои́х роди́телей в го́род.
He takes his parents into town every week.

Indefinite Constructions:

By adding the particles -то or -нибудь to the standard pronouns such as кто or что, the pronouns take on an indefinite meaning. The pronoun part of the contsruction declines in all the cases, but the particle remains the same. Other pronouns that also take these particles for the indefinite meaning include как, когда́, где, куда́, отку́да, почему́, чей, како́й.

Кто́-то приходи́л к вам, когда́ ва́с не
бы́ло.
Someone came to see you while you were out.
Кто́-нибудь звони́л?
Did anyone call?
Ты чего́-нибудь бои́шься?
Are you afraid of anything?
Он да́л ей каку́ю-то кни́гу.
He gave her some kind of book.

In general, pronouns with the -то particle are
more specific than those with the -нибудь
ending. Sometimes it helps to think of pronouns
with -то as meaning "someone," "something" etc.
whereas -нибудь means "anyone," "anything" etc.

Note the following general rules of usage:

Use -то:
-- for past tense sentences.
-- for present tense sentences unless the action is
        repeated.

Use -нибудь:
-- for questions and commands.
-- for future tense unless the subject is known.

Formation of Comparatives and Superlatives:

To form the comparative of a simple modifying
adjective,
place the word бо́лее (more) or ме́нее (less)
before the pronoun. Бо́лее/ме́нее do not change
for gender nor do they decline.

Я хочу́ купи́ть бо́лее дли́нную ю́бку.
I want to buy a longer skirt.
Он писа́л бо́лее сло́жную диссерта́цию.
He wrote a more complex dissertation.
Мы чита́ли ме́нее ва́жных писа́телей.
We read less important authors.

У меня́ нет ме́нее интере́сной рабо́ты.
I do not have a less interesting job.

To form the comparative form of adjectives used predicatively or of adverbs, drop the adjectival ending and add –е́е. Note that monosyllabic adjectives and adverbs normally have a stress shift to the ending.

На́ша шко́ла нове́е, чем мы ду́мали.
Our school is newer than we thought.
Он рабо́тает быстре́е и быстре́е.
He works faster and faster.

Some of the most frequently used comparatives are excpetional in form. Instead of using бо́лее/ме́нее, they have irregular forms that must be memorized:

бли́зкий	бли́же	nearer
бога́тый	бога́че	richer
большо́й	бо́льше	more
высо́кий	вы́ше	higher
глубо́кий	глу́бже	deeper
гро́мкий	гро́мче	louder
далёкий	да́льше	farther
дешёвый	деше́вле	cheaper
дорого́й	доро́же	more expensive
жа́ркий	жа́рче	hotter
коро́ткий	коро́че	shorter
лёгкий	ле́гче	easier
ма́ленький	ме́ньше	less
молодо́й	моло́же	younger
ни́зкий	ни́же	lower
плохо́й	ху́же	worse
просто́й	про́ще	simpler
по́здний	по́зже	later
ра́нний	ра́ньше	earlier
ста́рый	ста́рше	older
ти́хий	ти́ше	quieter
то́лстый	то́лще	fatter
у́зкий	у́же	narrower
хоро́ший	лу́чше	better

Superlatives may be formed by using the word
самый (most) which acts like an adjective and
agrees with the word it modifies in case and gender.

Он самый богатый человек в мире.
He is the richest man in the world.
Мы видели самую красивую картину в
галлерее.
We saw the most beautiful painting at the gallery.

A superlative that shows a greater degree instead of
a comparison is formed using the stressed suffix
-ейший, which is added to the adjective and then
declines as a soft adjective in all cases. If the
adjective stem ends in -г, -к, -х, they change to
-ж, -ч, -ш respectively before adding an
-айший suffix.

глупый	глупейший	very stupid
старый	старейший	very old
строгий	строжайший	very strict

Они живут в новейшем доме.
They live in a very new home.
Он умнейший профессор.
He is a most intelligent professor.

13.5 EXERCISES:

A. Translate the following forms using nonprefixed
verbs of motion. Provide both the unidirectional and
multidirectional forms:

1. he took (by hand)
2. I lead (by hand)
3. they took (by car)
4. she carried
5. we take (by car)
6. carry it!
7. you (sg) lead (by hand)
8. I carry

B. Translate the following list of indefinite pronouns, giving the nominative case form:

1. from somewhere
2. someone
3. anyhow
4. any kind of
5. somewhere
6. anyone
7. to anywhere
8. someone's
9. for some reason
10. any time

C. Form the third person singular (он) and second person plural (вы) of the following verbs that resemble those stems of verbs found in this chapter's vocabulary.

1. закры́ть (to close)
2. впа́сть (to fall into)
3. дари́ть (to give a gift)
4. пропа́сть (to be missing)
5. скры́ть (to conceal)
6. смотре́ть (to look)

D. Form the comparative forms of the following adjectives. Remember the list of exceptions!

1. си́льный
2. жа́ркий
3. коро́ткий
4. краси́вый
5. но́вый
6. просто́й
7. хоро́ший
8. здоро́вый
9. большо́й
10. плохо́й

Spassky Tower and the Kremlin Wall

The former Senate and Lenin's Mausoleum on Red Square

The Bronze Horseman
A Monument to Peter I in St. Petersburg

The Aleksandr Column on Palace Square in front of the
Winter Palace in St. Petersburg

CHAPTER 14

ST. PETERSBURG

14.1 DIALOGUES:

Listen to the following dialogues on the tape, noting where the stress falls in each word. Then read the dialogues aloud first with the tape and then a second time without it.

A.

1   Святослáв Кири́ллович: Мне сказáли, что вы недáвно бы́ли в Росси́и?

    Мари́на Михáйловна: Да, я летáла в Сáнкт-Петербу́рг в мáрте. Я

5   летáю тудá в óтпуск почти́ кáждый год. У меня́ рóдственники там.

    Святослáв Кири́ллович: Я зави́дую вам. Ужé мнóго лет прошлó с

10   тех пор, как я там был. Ну, какóе у вас впечатлéние о Петербу́рге?

    Мари́на Михáйловна: У меня́ остáлась óчень хорóшее

15   впечатлéние об э́том замечáтелном гóроде. Я осóбенно люблю́ то, что назывáется «бéлыми ночáми».

20   Святослáв Кири́ллович: Ах да. Как хорошó гуля́ть по Нéвскому проспéкту во врéмя бéлых ночéй!

    Мари́на Михáйловна: И как мне

25 выразить мои чувства, которые
я испытала, когда в первый
раз увидела Медного всадника!
Святослав Кириллович: По-моему,
нет более красивого города в
30 мире.
Марина Михайловна: Я чувствую
себя там дома и всякий раз
испытываю желание навсегда
остаться там.
35 Святослав Кириллович: Я хорошо вас
понимаю.
Марина Михайловна: Откуда вы
так хорошо знаете этот город?
Вы там родились?
40 Святослав Кириллович: Да,
признаюсь, что я родился в
Петербурге, но тогда город
назывался Ленинград.
Марина Михайловна: Какой сюрприз!
45 Святослав Кириллович: Вы не знали
что я русского происхждения?
Марина Михайловна: Нет! Я
шучу. Знала. Анна Андреевна
рассказала уже давно, что вы
50 родились в России.
Святослав Кириллович: А я думал,
что, может быть, вы не
заметили, что я говорю с
русским акцентом.
55 Марина Михайловна: Ну и что?.
Честно говоря, мне очень
нравиться ваш акцент.
Святослав Кириллович: Спасибо. Вы
очень добры.

В.

I Нина: Какой город тебе больше
нравиться: Москва или Санкт-
Петербург?
Гриша: Нельзя сравнить Петербург с

Москвой. Они такие разные.
Нина: Чем же отличается Петербург
от Мосвкы?
Гриша: Я не знаю с чего и начать!
Во-первых, Москва столица и
она горазде больше чем
Петербург. Кроме того,
Петербург состоит из
нескольких островов.
Нина: Где находятся более
потрясающие соборы?
Гриша: В Москве находится Храм
Василия Блаженного, а в
Петербурге Казанский и
Исаакиевский соборы.
Нина: А болшие музеи?
Гриша: Эрмитаж в Петербурге один
из самых больших и
знаменитых музеев мира.
Нина: А где интереснее
достопремечательности?
Гриша: В Москве Кремль,
Новодевичий монастырь,
мавзолей Ленина, а в
Петербурге Стрелка,
Васильевского острова,
Петропавловская крепость и
Адмиралтейство.
Нина: Ну, мне кажется что Москва и
Петербург очень похожи.
Гриша: Во многих отношениях они
похожи, но Санкт-Петербург
более европейский город.
Трудно обьяснить. Тебе надо
поехать туда самой. Тогда ты
поймешь, о чём я говорю.

14.2 NOTES ON THE DIALOGUES:

A.

1. **мне сказа́ли, что** This is an example of a frequently used impersonal construction. It may be translated as "I was told that...".

4. **в ма́рте** The preposition **в** and the prepositional case of the month is used to express "in the month," in this case, "in March." Note that the months of the year and days of the week are not capitalized. All of the months are masculine nouns.

18-19. **«бе́лыми ноча́ми»** As one of the world's northernmost cities, St. Petersburg for a period of some two weeks during the summer experiences nights that last only about thirty minutes. This is what is known as the "White Nights" and is celebrated by an annual arts and music festival. This phrase is in the instrumental case here because it follows the verb **называ́ться**, which is considered a "linking verb." See the grammar section of this chapter for details.

21-22. **гуля́ть по Не́вскому проспе́кту** Nevsky Prospect is St. Petersburg's main thoroughfare and has been celebrated in the works of great authors like Pushkin, Gogol, Dostoevsky and Bely. It is lined with shops, boutiques and theaters. Strolling this street is a common pasttime of both visitors and residents.

26-27. **Ме́дный вса́дник** The Bronze Horseman is a monument to Peter the Great (1672-1725) who built the city of Petersburg as Russia's "Window to the West." The statue is commemorated in a famous poem of the same name by A. S. Pushkin.

B.

2-3. Санкт-Петербу́рг Originally founded in 1703 as Saint Petersburg, the city was renamed in 1914 as Petrograd. After Lenin's death in 1924, the city was called Leningrad. Finally in 1991 its original name was returned. St. Petersburg was the capital of Russia from 1712 until 1918.

18-19. Каза́нский и Иса́акиевский собо́ры Under the Soviets, the Kazan Cathedral, built between 1801 and 1811, was made into a museum of anti-religious propaganda and atheism. The largest church in the city, St. Isaac's Cathedral took forty years to build. It now serves as a museum.

21. Эрмита́ж The Hermitage is located on the Neva River in one of the buildings of the former Winter Palace, the home of the tzars and govenment when St. Petersburg served as the capital. It is now a magnificent, huge repository of Western European art.

27. Новоде́вичий монасты́рь Built in 1524, the Novodevichy Convent served as a kind of court convent for the families of Moscow princes and tzars. Peter the Great imprisoned his sister Sophia here for treason. His first wife, Evdokhia Lopukhina, also spent the end of her life here. The convent grounds include two cemetaries for notable cultural and state personalities.

29-30. Стре́лка Васи́льевского о́строва Located directly across from the Winter Palace/Hermitage, the spit of Vasilyevsky Island is a famous vantage point that gives a

wonderful panoramic view of the city. Today
there is a naval museum located there.

31. Петропа́вловская кре́пость   The
    Peter-Paul Fortress was built in 1703, the
    year of the founding of the city, thus making
    it the oldest remaining building in St.
    Petersburg. It served as a State prison from
    the early 18th century and has been turned
    into a museum.

32. Адмиралте́йство   Located near the
    Winter Palace, the Admiralty, built in a
    combination of Classical and Baroque styles, is
    one of St. Petersburg's most famous
    landmarks. It served as Russia's first shipyard
    on the Baltic Sea and later became the
    headquarters for the Ministry of Naval
    Affairs.

14.3 VOCABULARY:

акце́нт	accent
бо́лее	more
больше	larger
большо́й	large
во вре́мя + gen	during
впечатле́ние	impression
вся́кий раз	every time
гора́здо	much
давно́	long ago
до́брый	good, kind
достопремеча́тельности	sights
европе́йский	European
жела́ние	wish, desire
замеча́телный	wonderful
знамени́тыи	famous
интере́сный	interesting

ка́ждый	every
кре́пость	fortress
март	march
мир	world
навсегда́	always
неда́вно	recently
нельзя́	impossible
не́сколько	several
осо́бенно	especially
о́стров	island
о́тпуск	vacation (work)
потряса́ющие	tremendous
похо́жий	alike, similar
почти́	almost
происхожде́ние	origin
ра́зный	various, different
ро́дственники	relatives
са́мый	the most
столи́ца	capital
тогда́	at that time
тру́дный	difficult
уже́	already
хоро́ший	good
чем	than
чу́вство	feeling

Phrases:

ах, да	ah, yes
в пе́рвый раз	the first time
во мно́гих отноше́ниях	in many respects
во-пе́рвых	first of all
гора́здо бо́льше	much larger
гуля́ть по +dat	to stroll along
како́е у вас впечатле́ние о + prep	what are your impressions of
како́й сюрпри́з!	what a surprise!
кро́ме того́	in addition, besides
мно́го лет	many years
ну, и что?	and what of it?
об э́том	about that
отлича́ется от + gen	differs from
призна́юсь, что	I must admit that
ру́сского	of Russian origin

217

происхожде́ния

с ру́сским акце́нтом	with a Russian accent
с тех пор, как	since then
состоя́ться из	composed of, from
то, что	that which
че́стно говоря́	to tell the truth
я не зна́ю с чего́ и нача́ть!.	I don't know where to begin

Verbs:

вы́разить (вы́ражу, вы́разишь, вы́разят) (II)	to express
гуля́ть (I)	to stroll
зави́довать (I)	to envy
заме́тить (заме́чу, заме́тишь, заме́тят)(II)	to notice
зна́ть (I)	to know
испыта́ть (I)	to experience
испы́тывать (I)	to experience
называ́ться (I)	to be called
обьясни́ть (II)	to explain
оста́ться (оста́нусь, оста́нешься, оста́нутся) (I)	to remain
отлича́ться (I)	to differ
по́мнить (II)	to remember
поня́ть (пойму́, поймёшь, поймут) (I)	to understand
появи́ться (появлю́сь, поя́вишься, поя́вятся) (II)	to appear to be
призна́ться (I)	to admit
пройти́ (пройду́, пройдешь, пройдут) (I)	to pass (time)
рассказа́ть (расскажу́, раска́жешь, расска́жут)(I)	to tell
роди́ться (II)	to be born
состоя́ть (состою́, состои́шь, состоя́т) (II)	to be composed of
сра́внить (II)	to compare
уви́деть (уви́жу, уви́дишь, уви́дят) (II)	to see, perceive

чу́вствовать (I)   to feel
шути́ть (шучу́,   to joke
    шу́тишь, шу́тят) (II)

14.4 GRAMMAR:

Prefixed Verbs of Motion:

As mentioned in the previous three chapters, the various verbs of motion that have been introduced may be made more specific by adding a variety of prefixes. These prefixes not only give added meaning, they also create the perfective pair. Whereas the prefixed multidirectional verb remains imperfective, the prefixed unidirectional verb is perfective. In addition, when prefixed, the multi- and unidirectionality of the verbs is lost.

Notice the different meanings in the following prefixed forms of the verbs for "to go by foot."

Мы войдём в аудито́рию.
We will enter the auditorium.
Я вы́шел из библиоте́ки.
I left the library.
Заходи́те в го́сти!
Stop in and see us!
Она́ подошла́ к окну́.
She approached the window.
Он отхо́дит от магази́на.
He is walking away from the store.
Этот авто́бус дохо́дит до теа́тра?
Does that bus go up to the theater?
Вы обошли́ боло́то?
Did you walk around the mud?
Перейди́те у́лицу. Остано́вка нахо́дится там.
Cross the street. The bus stop is located over there.

Listed below are some of the most commonly used prefixes and the meanings they impart on the verb:

в –	entering, going in
вы –	leaving, going out*
до–	reaching, going as far as
за –	going behind, stopping in
об –	circling, going around
от –	leaving, going away from
по –	a little bit, a short while
при–	arrival, coming
у –	departure, going
под–	approaching, going up to
про–	traversing, going through
пере–	crossing, going accross or over
с–	descending, coming down, getting of

* the prefix вы́ – is always stressed when added to unidirectional verbs of motion.

Several of the basic stems mutate slightly before the prefix is added:
идти́ -> -йти
е́здить -> -езжать

Also, after a prefix ending in a consonant:
идти́ -> -ойти
е́здить/е́хать -> -ъезжать/-ъехать

Usage of Comparatives and Superlatives:

Now that you know how to create the comparative and superlative forms of adjectives and adverbs, it is necessary to learn how to use them correctly in context.

After a comparative using бо́лее or ме́нее or a comparative ending in -ее, the word чем ("than") is often found.
Са́ша говори́т по-ру́сски лу́чше, чем Степа́н.
Sasha speaks Russian better than Stephen.

Мой брат умнее, чем Иван.
My brother is smarter than Ivan.
Школа находится дальше, чем церковь.
The school is farther away than the church.
Олег говорит громче, чем Анна.
Oleg speaks louder than Anna.

These same concepts may be expressed without the use of чем by putting the second part of the comparison into the genitive case. This genitive form is never used with the comparatives that make use of более/менее; these must use the чем form.

Саша говорит по-русски лучше Степана.
Мой брат умнее Ивана.
Школа находится дальше церкви.
Олег говорит громче Анны.

When the comparative involves a third person pronoun or possessive pronoun, the чем form must be used to prevent confusion.

Моя сестра красивее, чем её.
My sister is prettier than hers.

The comparative is used in a variety of expressions. For instance, by preceding the comparative with the words как можно, you achieve the meaning "as ... as possible."

как можно свежее	as fresh as possible
как можно дороже	as expensive as possible
как можно жарче	as hot as possible

If you precede the comparative with the word ещё, you get the expression of "even ... -er" or "even more ... ."

ещё младше	even younger
ещё труднее	even more difficult
ещё громче	even louder

Using the phrase чем ..., тем лучше with a comparative produces the phrase "the ...-er, the better."

чем бо́льше, тем лу́чше
the bigger the better

By using the word гора́здо with the comparative
you intensify the condition.

гора́здо ста́рше   much older
гора́здо бли́же   much closer
гора́здо ра́ньше   much earlier

By adding the prefix п о - to the comparative form
it takes on the meaning of "a little bit."

понове́е   a little bit newer
подлине́е   a little bit longer
повы́ше   a little bit higher

Reported Speech:

Unlike indirect speech in English where what was
said is expressed in the past tense, in Russian this
information is given in the same tense as the
original statement.

Я чита́ю кни́гу.
I am reading a book.
Све́та сказа́ла, что она́ чита́ет кни́гу.
Literally: Sveta said that she is reading a book.
Whereas, in English, we would normally expect:
Sveta said that she was reading a book.

Linking Verbs:

Although there is no present tense form of "to be"
in Russian, this concept may be expressed with a
variety of verbs, similar in meaning, called linking
verbs. Any nouns or adjectives following these
verbs require the instrumental case.

Он счита́ется хоро́шим врачо́м.
He is considered a good doctor.
Пого́да ста́ла холо́дной.
The weather had become cold.

Given below is a list of the most commonly used of these verbs.

быва́ть (I)	to be, happen, occur; (imp)
бы́ть (бу́ду, бу́дешь, бу́дут)	to be; (imp)
каза́ться (I)	to seem, appear; (imp)
называ́ться (I)	to be called; (imp)
оказа́ться (I)	to prove to be; (perf)
оказыва́ться (I)	to prove to be; (imp)
оста́ться (оста́нусь, оста́нешься, оста́нутся) (I)	to remain, to be; (perf)
остава́ться (I)	to remain, to be; (imp)
показа́ться (I)	to seem, appear; (perf)
появля́ться (I)	to appear to be; (perf)
стано́виться (становлю́сь стано́вишься, стано́вятся) (II)	to become; (imp)
ста́ть (ста́ну, ста́нешь, ста́нут) (I)	to become; (perf)
счита́ться (I)	to be considered; (imp)
явля́ться (I)	to appear to be; (imp)

14.5 EXERCISES:

A. Form the infinitive of the prefixed verbs of motion described below. Give both the uni- and multi-directional forms.

1. to walk away from
2. to drive up to
3. to drive around
4. to walk across
5. to stop in

6. to walk up to
7. to drive through
8. to approach by foot
9. to enter by car
10. to leave by foot

B. Translate the following expressions using comparatives:

1. the sooner the better
2. a little bit younger
3. much taller
4. as cheaply as possible
5. a little bit louder
6. much richer
7. a little bit quieter
8. as simple as possible
9. the earlier the better
10. even deeper

C. Form the third person singular (он) and second person plural (вы) of the following verbs that resemble those stems of verbs found in this chapter's vocabulary.

1. встáть   (to get up)
2. зарáзить   (to infect)
3. узнáть   (to find out)
4. сочýвстовать   (to sympathize)
5. отшутúться (to laugh off)
6. стоя́ть (to stand)
7. сказáть (to say, speak)
8. предчýвствовать (to have a premonition)

D. Given the statements in direct speech, rewrite them in reported speech beginning each sentence with Алексáндр сказáл, что

1. «Я не понимáю учúтеля».
2. «Борúс хóчет игрáть в футбóл».
3. «Я нашёл дéньги на ýлице».
4. «Мы должны́ встрéтиться в семь часóв».
5. «Я напишý письмó отцý».

CHAPTER 15

HOW DO YOU GET THERE?

15.1 DIALOGUES: 📼

Listen to the following dialogues on the tape, noting where the stress falls in each word. Then read the dialogues aloud first with the tape and then a second time without it.

A.

1   Валенти́на Алексе́евна: Скажи́те, пожа́луйста, когда́ бу́дет Пу́шкинская пло́щадь?

     Андре́й Дона́тович: Вы се́ли не на
5   тот авто́бус. Этот авто́бус не дохо́дит до Пу́шкинской пло́щади.

     Валенти́на Алексе́евна: Что же мне де́лать?
10   Андре́й Дона́тович: Вы́йдите на сле́дующей остано́вке и там спроси́те у кого́-нибу́дь.

     Валенти́на Алексе́евна: Благодарю́ вас.
15   Андре́й Дона́тович: Не́ за что.

     Валенти́на Алексе́евна: Вы не ска́жете, как прое́хать к Большо́му теа́тру?

     Михаи́л Афана́сиевич: Мо́жно на
20   тролле́йбусе или на авто́бусе.

     Валенти́на Алексе́евна: Как дое́хать на авто́бусе?

Михаи́л Афана́сиевич: Сади́тесь на
оди́ннадцатый авто́бус и
доедете до Тверско́й у́лицы.
Там недалеко́ дойти́ пешко́м.
Бо́льшой теа́тр нахо́дится на
Театра́льной пло́щади.

Валенти́на Алексе́евна: Где
остано́вка?

Михаи́л Афана́сиевич: Мо́жно
сади́ться пря́мо на э́той
остано́вке.

Валенти́на Алексе́евна: Спаси́бо.

Валенти́на Алексе́евна: Извини́те,
оди́ннадцатый идёт к Тверско́й?

О́сип Степа́нович: Вам куда́?

Валенти́на Алексе́евна: Мне на́до
встре́тить друзе́й в Большо́м
теа́тре.

О́сип Степа́нович: Нет, оди́ннадцатый
не дойдёт до теа́тра. Лу́чше
сади́тесь на сто пе́рвый авто́бус.
Он вас довезёт.

Валенти́на Алексе́евна: А где
ближа́йшая остано́вка?

О́сип Степа́нович: Перейди́те на
другу́ю сто́рону и там ся́дете.
Вот он подхо́дит к остано́вке.
Беги́те, а то он отойдёт без
вас.

Валенти́на Алексе́евна: Спаси́бо
большо́е.

В.

ОСТОРО́ЖНО, ДВЕ́РИ
ЗАКРЫВА́ЮТСЯ!

Ва́ря: Ко́ля, отойди́ от двере́й!

Ко́ля: Кака́я на́ша ста́нция?

Ва́ря: Мы должны́ сойти́ на
Арба́тской.

Ко́ля: У меня́ есть ка́рта метро́.
Покажи́ мне, как туда́ е́хать.

Варя: Дай сюда. Смотри, мы здесь,
на Кольцевой линии. Нам надо
пересесть вот сюда на
Киевской, а потом дальше едем
прямо до Арбатской без
пересадок.
Коля: Можно ехать по-другому?
Варя: Да, конечно, но таким путём
быстрее.

15.2 NOTES ON THE DIALOGUES:

A.

4-5. не на тот автобус   This
expression translates as "not on that bus,"
with the meaning of "you're on the wrong
bus."

8-9. Что же мне делать? The particle же
serves as an intensifier or means of giving
emphasis to the statement so that it may be
translated variously as "what then should I
do?," "what in the world should I do?" etc.

10-11. Выйдите на следующей остановке
Remember that verbs of motion typically
require the accusative case but only when
the meaning implied is one of action. This
sentence expresses *where to get off* not
where to go, thus it requires the
prepositional case after the preposition.

16-17. Вы не скажете   Note that requests
in Russian are often phrased in the negative,
this would translate as "You wouldn't be able
to tell me... ."

18. Большой театр   The Bolshoi Theater is
perhaps the most famous of Russia's many

theaters. It is home to the Bolshoi Ballet, but plays and concerts are performed there as well.

25. Твéрская ýлица   This street was until recently named Gorky Street, after the great Soviet Writer. It is one of the main streets in Moscow.

28-29. на Театрáльной плóщади   Also recently renamed, this square formerly went by the name of Sverdlov.

38. Кудá вам?   This highly elliptical question actually asks, "Where is it that you need to go?"

45. Он вас довезёт   Notice that when speaking of the approach of buses or trolleys, the verbs used are for walking, but here it is emphasized that this bus will carry her to her destination.

47. ближáйшая останóвка This is the adjectival form of the superlative блúзже (nearest).

B.

1. осторóжно, двéри закрывáются!   This warning is heard constantly on the subway just before the doors are closed: "careful, the doors are closing!"

3. стáнция   This word refers to a subway station as opposed to bus stop (останóвка).

6. на Арбáтской   The old Arbat Road, after which this subway stop is named, is a pedestrian mall full of shops and boutiques. Artists and musicians of various types may often be found there as well. Note that this is

a location where to get off and demands the prepositional rather than the accusative ending.

10. Кольцево́й ли́нии   The "circle line" is the very handy subway route that encircles downtown Moscow and links up most of the other lines.

15.3 VOCABULARY:

без + gen	without
ближа́йший	the nearest
быстре́е	quicker
дверь	door
друг	friend
друго́й	other
ка́рта	map
кольцево́й	circular
ли́ния	line
лу́чше	better
метро́ (indec)	subway
оди́ннадцатый	eleventh
остано́вка	(bus) stop
осторо́жно	careful
пе́рвый	first
переса́дка	transfer
пря́мо	directly
сле́дующий	next
ста́нция	station
сто	one hundred
сто́рона	side
теа́тр	theater
тролле́йбус	trolley bus

Phrases:

а то	or else
беги́те	run!

вам куда́?	where do you need to go
дай сюда́	give (it) here
дойти́ пешко́м	to go there by foot
извини́те	excuse me
на другу́ю сто́рону	on the other side
не́ за что	don't mention it
не на тот/ та/то/те	on the wrong /-f/-n/-pl
по-друго́му	differently
таки́м путём	this way, path
что же	well, what then

Verbs:

бежа́ть (бегу́, бежи́шь, бегу́т) (II)	to run
встре́тить (встре́чу, встре́тишь, встре́тят) (II)	to meet
вы́йти (вы́йду, вы́йдешь, вы́йдут) (I)	to exit, leave
довезти́ (довезу́, довезёшь, довезу́т) (I)	to carry to
дое́хать (дое́ду, дое́дешь, дое́дут) (I)	to drive to
дойти́ (дойду́, дойдёшь, дойду́т) (I)	to walk to
доходи́ть (дохожу́, дохо́дишь, дохо́дят) (II)	to walk to
закрыва́ться (I)	to close
извини́ть (II)	to excuse
отойти́ (отойду́, отойдёшь, отойду́т) (I)	to walk away from
перейти́ (перейду́, перейдёшь, перейду́т) (I)	to cross over
пересе́сть (переся́ду, переся́дешь, переся́дут) (I)	to transfer
подходи́ть (подхожу́, подхо́дишь,	to approach on foot

230

подхо́дят) (II)

показа́ть (покажу́, покажёшь, покажу́т) (I)	to show
проéхать (проéду, проéдешь, проéдут) (I)	to drive up to
смотрéть (II)	to look
сойти́ (сойду́, сойдёшь, сойду́т) (I)	to go down from, get off

15.4 GRAMMAR:

Prepositions Used with Verbs of Motion:

In the dialogues of this chapter there were a variety of prefixed verbs of motion that were followed by different prepositions and cases. These prepositions further restrict the meaning of the verbs. Listed below are the prefixes introduced in the last chapter with the prepositions and cases with which they may be used. Examples of their usage are provided using the -йти́ stem, but remember these prefixes and their prepositions may be used with any of the verbs of motion.

в -	в + acc	войти́ в библиоте́ку
	на + acc	войти́ на стадио́н
вы -	в + acc	вы́йти в шко́лу
	на + acc	вы́йти на стадио́н
	к + dat	вы́йти к отцу́
	из + gen	вы́йти из магази́на
	с + gen	вы́йти с заво́да
	от + gen	вы́йти от друзе́й
до-	до + gen	дойти́ до теа́тра

за-	за + acc	зайти́ за дверь
	в + acc	зайти́ в кабине́т
	на + acc	зайти́ на по́чту
	к + dat	зайти́ к врачу́
	за + inst	зайти́ за бра́том

| об- | вокру́г + gen | обойти́ вокру́г боло́та |

| от- | от + gen | отойти́ от двере́й |

по-	по + dat	пойти́ по доро́ге
	к + dat	пойти́ к бра́ту
	в + acc	пойти́ в университе́т
	на + acc	пойти́ на урок
	от + gen	пойти́ от сестры́
	из + gen	пойти́ из музе́я
	с + gen	пойти́ с фа́брики

при-	в + acc	прийти́ в ко́мнату
	на + acc	прийти́ на вокза́л
	к + dat	прийти́ к друзья́м
	из + gen	прийти́ из па́рка
	с + gen	прийти́ с ле́кции
	от + gen	прийти́ от учи́теля

у-	в + acc	уйти́ в консервато́рию
	на + acc	уйти́ на конце́рт
	к + dat	уйти́ к де́тям
	из + gen	уйти́ из до́ма
	с + gen	уйти́ с рабо́ты
	от + gen	уйти́ от врача́

| под- | к + dat | подйти́ к остано́вке |

про-	в + acc	пройти́ в
	че́рез + acc	пройти́ че́рез ле́с
	сквозь + acc	пройти́ сквозь дере́вья
	ми́мо + gen	пройти́ ми́мо теа́тра

| пере- | че́рез + acc | перейти́ че́рез мост |

с–	на + acc	сойти́ на ста́нции
	с + gen	сойти́ с авто́буса
	к + dat	сойти́ к друзья́м
	за + inst	сойти́ за детьми́

The Word друг:

Although the singular declension of друг ("friend") is rather straightforward, the plural declension is highly irregular.

	singular	plural
nom	друг	друзья́
acc	дру́га	друзе́й
gen	дру́га	друзе́й
dat	дру́гу	друзья́м
inst	дру́гом	друзья́ми
prep	дру́ге	друзья́х

Ordinal Numbers:

The ordinal numerals (first, second, third, etc) act like adjectives and agree in gender, number and case with the noun that they modify. Listed below are the masculine singular forms.

1st	пе́рвый	11th	оди́ннадцатый
2nd	второ́й	12th	двена́дцатый
3rd	тре́тий**	13th	трина́дцатый
4th	четвёртый	14th	четы́рнадцатый
5th	пя́тый	15th	пятна́дцатый
6th	шесто́й	16th	шестна́дцатый
7th	седьмо́й	17th	семна́дцатый
8th	восьмо́й	18th	восемна́дцатый
9th	девя́тый	19th	девятна́дцатый
10th	деся́тый	20th	двадца́тый

The ordinal numerals for twenty-first and higher follow a pattern that helps in their memorization. Note the stress shifts or changes in spelling in the ones marked *.

233

20th	двадца́тый
21st	два́дцать пе́рвый
22nd	два́дцать второ́й
23rd	два́дцать тре́тий
etc	
30th	тридца́тый
31st	три́дцать пе́рвый
32nd	три́дцать второ́й
33rd	три́дцать тре́тий
etc	
40th	сороково́й
41st	со́рок пе́рвый
42nd	со́рок второ́й
etc	
50th	пятидеся́тый*
51st	пятьдеся́т пе́рвый
52nd	пятьдеся́т второ́й
etc	
60th	шестидеся́тый*
61st	шестьдеся́т пе́рвый
62nd	шестьдеся́т второ́й
etc	
70th	семидеся́тый*
71st	се́мьдесят пе́рвый
etc	
80th	восмидеся́тый*
81st	во́семьдесят пе́рвый
etc	
90th	девяно́стый
91st	девяно́сто пе́рвый
etc	
100th	со́тый
101st	сто пе́рвый
102nd	сто второ́й
etc	
200th	двухсо́тый
201st	две́сти пе́рвый
202nd	две́сти второ́й
etc	
300th	трёхсо́тый
301st	три́ста пе́рвый
etc	

400th	четырёхсо́тый
401st	четы́реста пе́рвый
etc	
500th	пятисо́тый
501st	пятьсо́т пе́рвый
etc	
600th	шестисо́тый
601st	шестьсо́т пе́рвый
etc	
700th	семисо́тый
701st	семьсо́т пе́рвый
etc	
800th	восьмисо́тый
801st	восемьсо́т пе́рвый
etc	
900th	девятисо́тый
901st	девятьсо́т пе́рвый
etc	
1,000th	ты́сячный
2,000th	двухты́сячный

**Note that the ordinal number for "third" (and all of the compound numbers that end in "third") in Russian have a unique "soft" ending.

	masc/neuter	feminine	plural
nom	тре́тий/тре́тье	тре́тья	тре́тьи
acc	тре́тий/тре́тье	тре́тью	тре́тьи
	тре́тьего		тре́тьих
gen	тре́тьего	тре́тьей	тре́тьих
dat	тре́тьему	тре́тьей	тре́тьим
inst	тре́тьим	тре́тьей	тре́тьими
prep	тре́тьем	тре́тьей	тре́тьих

More on Aspect with Verbs of Motion:

You already to use the imperfective pair of a verb of motion if the action is in progress or if it is habitual or repeated.

The imperfective past tense is used when an action has occurred but has been annulled.

В прошлом году́ я е́здила в Ло́ндон.
Last year I went to London. (I've since returned.)

In negated sentences the use of the imperfective signifies that there was no expectation or intention of the action happening.
Никто́ не приходи́л.
No one came. (No one was expected to come.)

Similarly, the perfective past tense is used if the effect of the action remains in tact and is not annulled.
Он е́хал в Босто́н.
He went to Boston. (and stayed there.)

Negated sentences using the perfective denote that an act which was expected to take place, will not happen afterall.
Ма́ша сказа́ла, что зайдёт сего́дня у́тром, но не пришла́.
Masha said she'd stop in this morning, but she didn't come.

The perfective future tense is used when there is some expectation or intention of an action taking place.
Она́ привезёт мне кни́ги из Москвы́.
She's going to bring me books from Moscow. (The action has been promised and is expected.)

The perfective is also used to describe a series of actions, where each action is completed before the next begins.
Мы принесли́ на́ши кни́ги в библиоте́ку и пото́м пошли́ обе́дать в столо́вую.
We took our books to the library and then we went to eat lunch in the cafeteria.

15.5 EXERCISES:

A. Using the base -ходи́ть and the prefixes and prepositions learned, translate the following. Remember that there may be more than one correct variant.

1. to walk up to	6. to walk through
2. to walk around	7. to walk out of
3. to walk across	8. to leave from
4. to walk behind	9. to enter into
5. to walk towards	10 to get off from

B. Provide the necessary preposition and translate into English. Remember there may be more than one preposition that fits.

1. дое́дет ?	6. подойдёшь ?
2. отлета́ет ?	7. выбега́ют ?
3. обойти́ ?	8. перевезу́т ?
4. отошёл ?	9. съе́хаться ?
5. зайду́ ?	10. улете́ть ?

C. Give the requested ordinal numeral in its masculine singular form:

1. 65th	6. 89th
2. 325th	7. 36th
3. 143th	8. 666th
4. 40th	9. 90th
5. 71st	10. 52nd

D. Decline the numeral "third" to agree with the following nouns in various cases. Don't forget that it's endings are soft and irregular.

1. оте́ц	11. сестра́
2. зда́ние	12. о ... библиоте́ке

3. без ... до́ма
4. число́
5. в ... ко́мнату
6. за ... шко́лой
7. а́дрес
8. фами́лия
9. упражне́ние
10. для ... теа́тра

13. на ... конце́рте
14. к ... врачу́
15. с ... автомоби́лем
16. кро́ме ... му́жа
17. по́сле ... докла́да
18. с ... сы́ном
19. на ... у́лице
20. че́рез ... доро́гу

The Bolshoi Theater

CHAPTER 16

SHOPPING

16.1 DIALOGUES: 📼

Listen to the following dialogues on the tape, noting where the stress falls in each word. Then read the dialogues aloud first with the tape and then a second time without it.

A.

1   Екатери́на Казими́ровна: Я то́лько что перее́хала в э́тот райо́н. Где здесь мо́жно купи́ть оде́жду?

5   Вита́лий Григо́риевич: Универма́г о́чень бли́зко. Я сейча́с не о́чень за́нят. Если хоти́те, я вас туда́ повезу́.

    Екатери́на Казими́ровна: Вы о́чень

10   любе́зны.

    Екатери́на Казими́ровна: Скажи́те пожа́луйста, где нахо́дится отде́л же́нской оде́жды?

    Пе́рвая продавщи́ца: Что вам на́до?

15   Пла́тья? Блу́зки? Сви́теры? Чулки́? У нас мно́го ра́зных отде́лов.

    Екатери́на Казими́ровна: Хоте́лось бы нача́ть с ю́бок.

20   Пе́рвая продавщи́ца: Юбки и блу́зки нахо́дятся на тре́тьем этаже́. У нас есть лифт. Вот там.

Екатери́на Казими́ровна: Спаси́бо. Пойдёмте со мно́й, Вита́лий Григо́риевич. Мне ну́жен бу́дет ваш сове́т.

Екатери́на Казими́ровна: Есть ли у вас чёрные ю́бки?
Втора́я продавщи́ца: Кака́я чёрная ю́бка? Шёлковая? Шерстяна́я? Хлопчатобума́жная? Ю́бка из чего́?
Екатери́на Казими́ровна: Ну, покажи́те, пожа́луйста, шёлковую.
Втора́я продавщи́ца: Како́й у вас разме́р?
Екатери́на Казими́ровна: Я не зна́ю.
Втора́я продавщи́ца: Вот. Пробу́йте вот э́ту. Она́ наве́рно ва́шего разме́ра.
Екатери́на Казими́ровна: Где приме́рочная?
Втора́я продавщи́ца: Вон там. Че́рез э́тот коридо́р.
Екатери́на Казими́ровна: (че́рез не́сколько мину́т) Она́ мне сли́шком велика́ и длинна́. Кро́ме того́, мне не нра́вится э́тот цвет.
Втора́я продавщи́ца: Вы же хоте́ли чёрную ю́бку!
Екатери́на Казими́ровна: Ну да, но я переду́мала. Мне на́до что-то бо́лее я́ркое. У вас есть ю́бки кра́сного цве́та?
Втора́я продавщи́ца: Нет. Все распро́даны.
Вита́лий Григо́риевич: По-мо́ему, дорога́я Екатери́на Казими́ровна, э́та ю́бка о́чень хорошо́ сиди́т.
Екатери́на Казими́ровна: Ра́зве? Она́ не сли́шком широка́? Мо́жет

быть я оши́блась. Ско́лько она́
сто́ит?

Втора́я продавщи́ца: Она́ не о́чень
дешёвая: се́мьдесят пя́ть
до́лларов.

Екатери́на Казими́ровна: Да, она́
дово́льно дорога́я, но я её
возьму́. Вы принима́ете
креди́тные ка́рточки?

Втора́я продавщи́ца: Коне́чно.
Пожа́луйста, плати́те в ка́ссу.

В.

Ри́та: Зна́ешь что, за́втра бу́дет день
рожде́ния Кла́вдии? Мне на́до
купи́ть её пода́рок. Что ты
посове́ту́ешь?

Во́ва: Ско́лько ей лет?

Ри́та: Ей три́дцать оди́н.

Во́ва: Я бы купи́л ей кни́гу или
пласти́нку или коро́бку конфе́т.

Ри́та: Нет, э́то не о́чень подходя́щие
пода́рки для хоро́шей
прия́те́льницы. Я хочу́ подари́ть
ей бо́лее инти́мный пода́рок.

Во́ва: Наприме́р?

Ри́та: Я не зна́ю. Мо́жет быть, что
то из серебра́ -- се́рьги или
брасле́т.

Во́ва: Она́ ча́сто но́сит позоло́ченные
драгоце́нности. Лу́чше купи́ть
ей зо́лото, чем серебро́.

Ри́та: Ты прав. Есть ли побли́зости
ювели́рный магази́н?

Во́ва: Да, большо́й ювели́рный
магази́н нахо́дится о́коло
де́тского са́да на пло́шади
Вашингто́на.

Ри́та: Пошли́!

16.2 NOTES ON THE DIALOGUES:

A.

2. в э́тот райо́н   The word райо́н may be translated as neighborhood, region or area.

21. на тре́тьем этаже   Note the irregular soft ending for the ordinal number "three."

24. пойдёмте со мно́й   The preposition с takes an о so as to make it easier to pronounce when followed by a word that begins with two consecutive consonants.

27-28. есть ли у вас   The use of the ли particle creates the meaning of a possibility existing of something. In this case, it may be translated as "would you have... ."

31-32. ю́бка из чего́?   The verb is left out of this elliptical expression meaning, "made from what?"

47-48. че́рез не́сколько мину́т After the preposition че́рез the accusative follows, but the adverb не́сколько does not decline and requires the genitive plural so that the word мину́та is not in the accusative but in the gentitive.

49. велика́ и длинна́   These are both short form adjectives used here to express the state of the skirt at present.

56-57. У вас есть ю́бки кра́сного цве́та? To express the color of something in Russian the genitive is often used as in this expression: "skirts of a red color."

58-59. все распро́даны   This is an example of a short form past passive participle used as a predicate. These will be discussed more fully in Chapter 19. This may be translated as "They are all sold out."

62. о́чень хорошо́ сиди́т   This is an idiomatic usage of the verb сиде́ть. Here it means literally "it sits well" as in "it fits well."

B.

5. ско́лько ей лет?   In Russian, age is asked and expressed in the dative case. See the grammar section of this chapter for more details.

9. подходя́щие   This is another participle, a present active one, acting as a predicate. See section 19.4 for more details.

17. ча́сто но́сит   To express something that is worn habitually, the verb носи́ть is used. Literally, it means "on one's body one carries... ." When describing how someone is dressed on a particular occasion, the preposition в is used with the prepositional case: Она́ в си́ней ю́бке. She is wearing a blue skirt.

26. пошли́!   This colloquial expression may be translated as something akin to "we're outta here" or "we're gone!"

16.3 VOCABULARY:

блу́зка	blouse
брасле́т	bracelet
вели́кий	large

вот	here
второ́й	second
день рожде́ния	birthday
де́тский сад	kindergarden
дешёвый	inexpensive
дли́нний	long
дово́льно	rather
до́ллар	dollar
дорого́й	dear, expensive
драгоце́нности	jewelry
е́сли	if
же́нский	women's
за́втра	tomorrow
зо́лото	gold
инти́мный	intimate
кни́га	book
конфе́ты	candy
коридо́р	corridor
коро́бка	box
красный	red
креди́тные ка́рточки	credit cards
лифт	elevator
магази́н	store
мину́та	minute
наве́рно	probably
наприме́р	for example
не́сколько + gen	several
оде́жда	clothes
оди́н/одна́/одно́/одни́	one/-f/-n/-pl
о́коло + gen	around, near
отде́л	department
пе́рвый	first
пласти́нка	record
пла́тье	dress
пло́щадь	square
пода́ро́к	present
подходя́щие	suitable
позоло́ченный	gilded
прия́те́льница	friend (f)
приме́рочная	dressing room
продавщи́ца	saleswoman
пять	five
райо́н	neighborhood

разме́р	size
сви́тер	sweater
се́мьдесят	seventy
серебро́	silver
се́рьги	earrings
сли́шком	too
сове́т	advice
то́лько что	just
три́дцать	thirty
универма́г	department store
хлопчатобума́жный	cotton (adj)
цвет	color
че́рез	through, within
чёрный	black
чулки́	stockings
шёлковый	silk (adj)
шерстяно́й	wool (adj)
широ́кий	wide
эта́ж	floor, story
ювели́рный	jewelry (adj)
я́ркий	bright, light

Phrases:

вон там	over there (coll)
вот там	over there
все распро́даны	they're all sold out
вы о́чень любе́зны	you're very kind
есть ли поблизости	is there ... nearby
есть ли у вас	do you have
из чего́	from what
како́й у вас разме́р?	what's your size
како́го цве́та?	of what color
кро́ме того́	besides that,
на тре́тьем этаже́	on the third floor
плати́те в ка́ссу	pay at the register
пойдёмте со мно́й	come with me
пошли́!	we're outta here!
пробу́йте	try
ра́зве?	really?
ско́лько ей лет?	how old is she?
ско́лько сто́ит?	how much is it?
ты прав	you're right
у нас есть	we have

у нас нет + gen	we don't have
хорошо́ сиди́т	fits well
хоте́лось бы нача́ть с	I'd like to start with

Verbs:

быть (бу́ду, бу́дешь, бу́дут) pt:(был, была́)	to be
нача́ть (начну́, начнёшь, начну́т) (I)	to begin
носи́ть (ношу́, но́сишь, но́сят) (II)	to carry, wear
ошиби́ться (ошибу́сь, ошибёшься, ошибу́тся) pt: (оши́бся, оши́блась) (I)	to make a mistake
переду́мать (I)	to change one's mind
перее́хать (перее́ду, перее́дешь, перее́дут) (I)	to move
плати́ть (плачу́, пла́тишь, пла́тят) (II)	to pay
повезти́ (повезу́, повезёшь, повезу́т) (I)	to convey by car
подари́ть (подарю́, пода́ришь, пода́рят) (II)	to give, present
посове́товать (I)	to suggest, advise
принима́ть(I)	to accept, take
про́бовать (I)	to try
распрода́ть (распрода́м, распрода́шь, распордаду́т)	to sell out
сиде́ть (сижу́, сиди́шь, сидя́т) (II)	to be sitting down
сто́ить (сто́ю, сто́ишь, сто́ят) (II)	to cost

16.4 GRAMMAR:

Cardinal Numbers:

Unlike ordinal numbers, cardinal numbers are nouns.

The number "one" is highly unique because it acts like a short form adjective with masculine (оди́н), feminine (одна́), neuter (одно́) and plural (одни́) forms that agree with the noun they modify (оди́н сту́л, одна́ ша́пка, без одного́ ма́льчика).

The number "two" has only masculine/neuter (два) and feminine (две) forms and it serves as a noun rather than an adjective. All the rest of the cardinal numbers are masculine nouns.

1	оди́н/одна́/-о́/-и́	11	оди́ннадцать
2	два/две	12	двена́дцать
3	три	13	трина́дцать
4	четы́ре	14	четы́рнадцать
5	пять	15	пятна́дцать
6	шесть	16	шестна́дцать
7	семь	17	семна́дцать
8	во́семь	18	восемна́дцать
9.	де́вять	19	девятна́дцать
10.	де́сять	20	два́дцать

21	два́дцать оди́н	31	три́дцать оди́н
22	два́дцать два	32	три́дцать два
etc		etc	
41	со́рок оди́н	51	пятьдеся́т оди́н
42	со́рок два	52	пятьдеся́т два
etc		etc	
61	шестьдеся́т оди́н	71	се́мьдесят оди́н
62	шестьдеся́т два	72	се́мьдесят два
etc		etc	
81	во́семьдесят оди́н	91	девяно́сто оди́н
82	во́семьдесят два	92	девяно́сто два
etc		etc	

101	сто один	201	двести один
102	сто два	202	двести два
120	сто двадцать	250	двести пятьдесят
etc		etc	
300	триста	700	семьсот
400	четыреста	800	восемьсот
500	пятьсот	900	девятьсот
600	шестьсот	1000	(одна) тысяча

Cases with Cardinal Numbers:

Cardinal numbers require different cases depending on the numbers. The number "one" does not require any particular case since it acts as an adjective rather than a noun.

Numbers "two," "three" and "four" and any compound number that ends in these three alternatives (23, 44, 932 etc) also require a noun in the genitive singular and a genitive plural adjective.

The numbers "five" and above (and any compounds that end in these numbers, as well as the numbers 11-19), require the genitive of both nouns and adjectives.

Memorize the forms of these words that commonly occur with ordinal numbers:

#	minute	hour	day	week
1	минута	час	день	неделя
2 - 4	минуты	часа	дня	недели
5 -↑	минут	часов	дней	недель

#	month	year	ruble	kopeck
1	месяц	год	рубль	копейка
2 - 4	месяца	года	рубля	копейки
5 -↑	месяцев	лет	рублей	копеек

Age:

To ask someone's age, Russians use the phrase: ско́лько вам лет? The person whose age is being asked or given is always in the dative case. For example:

Мне три́дцать лет.
I'm thirty.
Моему́ ста́ршему бра́ту три́дцать два го́да.
My older brother is 32.

Colors:

Since colors are expressed grammatically as adjectives, they agree with the nouns they modify in person, case and number.   "What color is it?" is expressed in Russian using the genitive case: сви́тер како́го цве́та? The answer may also be in the genitive case: сви́тер бе́лого цве́та (a white sweater) or simply in the nominative: бе́лый сви́тер.

бе́лый	white	си́ний	dark blue
кра́сный	red	голубо́й	light blue
ро́зовый	pink	зелёный	green
се́рый	grey	жёлтый	yellow
кори́чневый	brown	чёрный	black
фиоле́товый	purple	ора́нжевый	orange

More on Verbs in -ся:

As you may have noticed by now, verbs that end in -ся sometimes appear without the -ся suffix when they are used with a direct object.

For example, compare the following sentences.
Мы открыва́ем магази́н в во́семь часо́в.
We open the store at eight o'clock.
Магази́н открыва́ется в во́семь часо́в.
The store opens at eight.

Он вернул мои картины.
He returned my pictures.
Она вернулась на работу после обеда.
She returned to work after lunch.

Thus, with the -ся suffix,
--verbs are either intransitive--that is they do not
need a direct object:
Отец одевается.
Father is dressing (himself).

--or they involve action that transpires between two
or more people, denoting a reflexive relationship.
Мы встретились на вокзале.
We met at the station.
Below, the person being met is the direct object
rather than the subject and thus there is no
reflexive meaning.
Я встретила его на вокзале.
I met him at the station.

--the -ся suffix may also give the verb a passive
meaning:
Это здание строится нашими рабочими.
This building is being built by our workers.

But note also that some verbs occur only with the
-ся suffix.

надеяться   to hope
смеяться   to laugh
бояться   to be afraid

And remember that these three very common verbs
have an imperfective form with a -ся suffix and a
perfective form without it.

становиться/стать   to stand, become
садиться/сесть   to sit down
ложиться/лечь   to lie down

16.5 EXERCISES:

A. Write out the numbers and put the subjects into the appropriate case to express their ages. Be sure to include the correct form of the word for "year."
i.e.: (он) 30: ему тридцать лет

1. (она́) 45
2. (ты) 12
3. (я) 31
4. (вы) 62
5. (они́) 24
6. (моя́ мать) 53
7. (наш сын) 8
8. (мой оте́ц) 76
9. (его́ сестра́) 89
10. (ваш друг) 37

B. Write out the following cardinal numbers and words. Be sure to put them in the right case when necessary.

1. 9 weeks
2. 25 rubles
3. 1 day
4. 62 minutes
5. 44 rubles
6. 256 months
7. 30 years
8. 99 kopecks
9. 3 months
10. 141 kopecks
11. 83 years
12. 10 hours

C. Put the following phrases into Russian following the example below.
red (блу́зка): блу́зка кра́сного цве́та.

1. dark blue (маши́на)
2. red (ша́пка)
3. black (каранда́ш)
4. light blue (носки́)
5. yellow (га́лстук)
6. purple (ю́бка)
7. grey (чулки́)
8. dark blue (пуло́вер)
9. white (дом)
10. black (пальто́)
11. orange (зо́нтик)
12. pink (пла́тье)
13. green (шарф)
14. brown (су́мка)
15. white (руба́шка)
16. red (сви́тер)

251

D. Form the second person singular (ты) and third person plural (они) of the following verbs that resemble those stems of verbs found in this chapter's vocabulary.

1. ви́деть (to see)
2. вду́маться (to ponder)
3. иссле́довать (to examine, investigate)
4. заплати́ть (to pay for)
5. поду́мать (to think over)
6. молоди́ть (to make look younger)
7. после́довать (to follow)
8. заду́мать (to intend, plan)
9. ненави́деть (to hate)
10. це́ловать (to kiss)

CHAPTER 17

SEASONS AND WEATHER

17.1 DIALOGUES:

Listen to the following dialogues on the tape, noting where the stress falls in each word. Then read the dialogues aloud first with the tape and then a second time without it.

A.

1   Ольга Семёновна: Итак, вы живёте здесь на юге уже пять лет, вы привыкли к нашей прекрасной погоде?

5   Аркадий Анатолиевич: Ещё нет. Сорок лет я жил на севере и каждой зимой я ещё ожидаю снега и мороза, но ни того, ни другого не бывает.

10   Ольга Семёновна: Как, вам не нравится хорошая погода?!

Аркадий Анатолиевич: Нравится, но когда солнце светит круглый год, трудно работать. Здесь и

15   летом, и весной, и осенью, и зимой светит солнце.

Ольга Семёновна: Нет, это не правда. Иногда бывают сильный дождь, ветер и туман.

20   Аркадий Анатолиевич: Да, но очень редко. И когда влажно, мне трудно дышать и всегда хочется лечь спать.

Ольга Семёновна: А мне наоборо́т.
Когда́ жа́рко и вла́жно, тогда́ я
хочу́ быть на дворе́, а когда́
идёт дождь, тогда́ я становлю́сь
сонли́вой.

Арка́дий Анато́лиевич: Кака́я сего́дня
у нас пого́да? Я ещё не был на
у́лице.

Ольга Семёновна: Сего́дня дово́льно
посму́рно и прохла́дно.

Арка́дий Анато́лиевич: Наконе́ц-то!
Мне надое́ло э́то прокля́тое
со́лнце. Почему́ вы улыба́етесь?

Ольга Семёновна: Мне тру́дно
пове́рить, что существу́ет
челове́к кото́рый ненави́дит
со́лнце. Не серди́тесь, но вы
зараба́тываете хоро́шие де́ньги,
почему́ вы не е́дете на се́вер
зимо́й?

Арка́дий Анато́лиевич: Тепе́рь вы
смеётесь надо мной.

Ольга Семёновна: Нет, на са́мом
де́ле е́сли вы хоти́те избежа́ть
хоро́шей, тёплой пого́ды, вам
на́до уе́хать на се́вер. Где́ вы
собира́етесь провести́ ваш
о́тпуск в э́том году́?

Арка́дий Анато́лиевич: В ию́ле мы с
семьёй пое́дем в Калифо́рнию.

Ольга Семёновна: В бу́дущем
поезжа́йте на восто́к! Там вы
отвы́кните от со́лнца.

Арка́дий Анато́лиевич: Несмотря́ на
то, что здесь со́лнце све́тит
всегда́ и везде́, я о́чень люблю́
жить на ю́ге.

В.

Юлия: Как жаль, что сего́дня така́я
плоха́я и холо́дная пого́да!

У меня выходной день и я
собиралась поехать на дачу.

5 Вася: Идёт сильный снег и тебе
будет трудно ехать в деревню в
такую погоду.

Юлия: Знаю. Мне надоел уже этот
снег. Здесь каждый день идёт
10 снега.

Вася: Ну да, но мы живём на севере.
Здесь зимой часто бывает много
снегов, но летом погода тёплая,
хорошая. Солнце светит. И
15 осенью листья такие
замечательные.

Юлия: Да. Я люблю разные времена
года, но зима продолжается так
долго.

20 Вася: Надо быть более терпеливой.
Подожди немного и, может
быть, погода станет лучше
через час.

Юлия: Сколько времени?

25 Вася: Уже восемь часов. Пора
завтракать.

17.2 NOTES ON THE DIALOGUES:

A.

7-8. ожидаю снега и мороза   The verb
ожидать and its related form ждать
require objects in the genitive case.

8-9. ни того, ни другого   Remember
that objects that are negated usually occur in
the genitive case.

15. летом, и весной, и осенью, и зимой

To express the concept of "in a particular season," the word for the season is put in the instrumental case.

27-28. я становлю́сь сонли́вой The verb станови́ться, one of the linking verbs introduced in the grammar section of the last chatper, requires the instrumental case.

45. смеётесь надо мной To express the concept of "laughing at someone," Russian uses the preposition над (with an added - о suffix before the pronoun мной because of the difficulty of pronouncing three consonants together) and the instrumental of the pronoun.

47-48. избежа́ть хоро́шей, тёплой пого́ды The verb избежа́ть requires the genitive case.

50. собира́етесь провести́ The verb собира́ться requires a perfective verbal infinitive.

B.

8. Мне надое́л у́же э́тот снег An impersonal construction with a past tense verb that agrees with the object that one is fed up with, instead of with the person who feels this way.

20. На́до быть бо́лее терпели́вой In the infinitive form быть often requires the instrumental case. Here the adjective is in the feminine instrumental to agree with the subject.

17.3 VOCABULARY:

бу́дущий	future
везде́	every where
ве́тер	wind
вла́жно	humid
всегда́	always
выходно́й день	day off
да́ча	cottage
день	day
де́ньги	money
дере́вня	countryside
дово́льно	rather
дождь	rain
до́лго	long (time)
замеча́тельный	wonderful
зима́	winter
жа́рко	hot
иногда́	sometimes
ита́к	and so
ию́ль	July
ка́ждый	every
Калифо́рния	California
ли́стья	leaves
моро́з	frost
наконе́ц	finally
наоборо́т	on the contrary
немно́го	a little
плохо́й	bad, poor
прекра́сный	fine, wonderful
прохла́дно	cool
пого́да	weather
посму́рно	overcast
прокля́тый	damned
ра́зный	different
ре́дко	seldom, rarely
сего́дня	today
си́льный	strong, heavy
снег	snow
со́лнце	sun
сонли́вый	drowsy

со́рок	forty
тёплый	warm
терпели́вый	patient
тру́дно	difficult
тума́н	fog
челове́к	man, person
холо́дный	cold

Phrases:

в бу́дущем	in the future
в э́том году́	this year
весно́й	in the spring
времена́ го́да	seasons
во́семь часо́в	eight o'clock
ещё нет	not yet
зимо́й	in the winter
идёт снег/ дождь	it's snowing/ raining
как жаль	what a pity
кака́я сего́дня пого́да?	what's the weather like today?
кру́глый год	year-round
ле́том	in the summer
ле́чь спа́ть	to lie down (to sleep)
мне надое́л/-а/-о	I'm tired of/-f/-n
мы с семье́й	my family and I
на са́мом де́ле	actually, in fact
на восто́ке	in the east
на дворе́	outside
на за́паде	in the west
на се́вере	in the north
на у́лице	outside
на ю́ге	in the south
не серди́тесь	don't get angry
несмотря́ на то, что	in spite of the fact, that
ни того́, ни друго́го	neither one nor the other
о́сенью	in the fall
подожди́(те)	wait a minute
пора́	it's time
провести́ ваш	to spend your

о́тпуск	vacation
ско́лько вре́мени?	what time is it?
смея́ться над + inst	to laugh at
тру́дно пове́рить	it's hard to believe
че́рез час	in an hour
э́то не пра́вда	that's not true

Verbs:

быва́ть (I)	to happen
дыша́ть (дышу́, дыши́шь, ды́шат) (II)	to breathe
жи́ть (живу́, живёшь, живу́т) (I)	to live
за́втракать (I)	to eat breakfast
зараба́тывать (I)	to earn
избежа́ть (избегу́, избежи́шь, избегу́т) (II)	to avoid
ле́чь (ля́гу, ля́жешь, ля́гут) (I)	to lie down
ненави́деть (ненави́жу, нанави́дит, нанави́дят) (II)	to hate
ожида́ть (I)	to expect
отвы́кнуть от (I)	to grow unused to
пове́рить (II)	to believe
подожда́ть (подожду́, подождёшь, подожду́т) (I)	to wait
привы́кать к (I)	to grow used to
провести́ (проведу́, проведёшь, проведу́т) (I)	to spend
продолжа́ть (I)	to continue
рабо́тать (I)	to work
свети́ть (II)	to shine
серди́ться (II)	to get angry
смея́ться (I)	to laugh
собира́ться (I)	to get ready to
станови́ться (II)	to become
ста́ть (ста́ну, ста́нешь, ста́нут) (I)	to become
существова́ть (I)	to exist
улыба́ться (I)	to smile

17.4 GRAMMAR:

Time Expressions:

Time expressions in Russian are expressed using a variety of cases and constructions. Fortunately, there are patterns of formation which can be memorized that make them easier to remember.

Когда?

Most time expressions occur either in the accusative, prepositional (with the preposition в for days, months and years and на for weeks) or the instrumental when expressing "in the ...".

today	сего́дня
tomorrow	за́втра
yesterday	вчера́
morning	у́тро
all morning	всё утро́
afternoon	по́сле обе́да/днём
all day	весь день
evening	ве́чер
all evening	весь ве́чер
night	ночь
all night	всю ночь
this morning	сего́дня у́тром
tomorrow morning	за́втра у́тром
yesterday morning	вчера́ у́тром
this afternoon	сего́дня днём
this evening	сего́дня ве́чером
tomorrow evening	за́втра ве́чером
tonight	сего́дня но́чью
day after tomorrow	послеза́втра
day before yesterday	позавчера́
week	неде́ля
last week	на про́шлой неде́ле
this week	на э́той неде́ле
next week	на бу́дущей неде́ле
in two weeks	че́рез две неде́ли

in five weeks	че́рез пять неде́ль
every week	ка́ждую неде́лю
for three weeks	на три неде́ли
two weeks ago	две неде́ли наза́д

Како́й сего́дня день неде́ли?
The days of the week are of different genders. To answer the question "what day of the week is it?," use the day of the week in the nominative case preceded by the word сего́дня.

Сего́дня понеде́льник.
Today's Monday.

Sunday	воскресе́нье
Monday	понеде́льник
Tuesday	вто́рник
Wednesday	среда́
Thursday	четве́рг
Friday	пя́тница
Saturday	суббо́та

В како́й день?
To answer the question "on what day?," use the preposition в and the accusative case.

on Monday	в понеде́льник
on Wednesday	в сре́ду́
last Saturday	в про́шлую суббо́ту
next Friday	в бу́дущую пя́тницу
last Tuesday	в про́шлый вто́рник
next Sunday	в бу́дущее воскресе́нье

В како́й ме́сяц?
Notice that months of the year and days of the week are not capitalized in Russian. To express the idea of "in a certain month," use the preposition в and the prepositional case. All the months are masculine.

January	янва́рь

February	февраль
March	март
April	апрель
May	май
June	июнь
July	июль
August	август
September	сентябрь
October	октябрь
November	ноябрь
December	декабрь

Notice the shift in stress in the months with three syllables:

month	месяц
this month	в этом месяце
last month	в прошлом месяце
next month	в будущем месяце
every month	каждый месяц
in January	в январе
in May	в мае
in July	в июле
in September	в сентябре
in December	в декабре

Какое сегодня число?
To express the day's date, use the nominative case (neuter to agree with сегодня) of the ordinal number and the month in the genitive case.

Today's January 1st	Сегодня первое января
Today's March 22nd	Сегодня двадцать второе марта
June 10th	Десятое июня

Какого числа?
The concept of "on" a particular date is expressed by the ordinal number and the month both in the

genitive case. When the year is included, the final digit of this, too, is in the genitive case.

on the 16th of June	шестна́дцатого ию́ля
December 24th	два́дцать четвёртого декабря́
the 10th of February	деся́того февраля́
on April 12, 1975	двена́дцатого апре́ля ты́сяча девятьсо́т се́мьдесят пя́того го́да

Год

"In a particular year" is expressed by в and the prepositional case, but remember that год takes a special ending in - у .

this year	в э́том году́
last year	в про́шлом году́
next year	в бу́дущем году́
in a year	че́рез год
for a year	на год

В кото́ром году́?

When just the year is given as the date of some occurrence, the ordinal numbers are used except for the last digit which is cardinal and declined in the prepositional case along with the word for "year."

in 1994	в ты́сяча девятьсо́т девяно́сто четвёртом году́
in 1988	в ты́сяча девятьсо́т во́семьдесят восьмо́м году́
in 2010	в две́ ты́сячи деся́том году́
in 1776	в ты́сяча семьсо́т се́мьдесят шесто́м году́
in 1999	в ты́сяча девятьсо́т девяно́сто девя́том году́

Seasons:

Времена́ го́да (seasons) are all feminine nouns except for summer, which is neuter. As seen in the dialogues of this chapter, the idea of "in a particular season" is expressed by the season in the instrumental case.

spring	весна́
in the spring	весно́й
summer	ле́то
in the summer	ле́том
fall	о́сень
in the fall	о́сенью
winter	зима́
in the winter	зимо́й

Telling Time:

ско́лько вре́мени?	what time is it?
кото́рый час?	what time is it?
в кото́ром часу́?	at what time?
в час	at one o'clock
в два часа́	at two o'clock
в пять часо́в	at five o'clock
че́тверть часа́	a quarter of an hour
три че́тверти часа́	three quarters of an hour
полчаса́	half an hour
полтора́ часа́	an hour and a half

Russians use both cardinal and ordinal numbers in their time expressions. They divide the clock up in half and always look ahead to the next hour.

To express a time between the hour and half past that hour, use a cardinal number and the ordinal number of the next hour in the genitive case. In other words, 3:05 would be пять мину́т четвёртого or literally "five minutes to the hour of four."

1:00	час
1:03	три минуты второго
2:15	че́тверть тре́тьего
3:00	три часа́
3:20	два́дцать мину́т четвёртого
4:28	два́дцать во́семь мину́т пя́того
5:30	полови́на шесто́го

To express a time from half past the hour to the next hour, use the preposition без + genitive case of the cardinal number up to the next hour which is in the nominative case. For example, 2:50 would be без десяти́ три or literally "ten minutes till three."

1:32	без двадцати́ восьми́ два
2:35	без двадцати́ пяти́ три
6:40	без двадцати́ семь
8:45	без че́тверти де́вять
11:52	без восьми́ двена́дцать
3:57	без трёх четы́ре
7:50	без десяти́ во́семь

Prepositions with Time Expressions:

To express "from ... to" with dates or times, use the prepositions с ... до and the genitive case.
Она́ жила́ в Москве́ с деся́того сентября́ до пя́того января́.
She lived in Moscow from the tenth of September until the fifth of January.

To express "from ... through" with dates, use the prepositions с and the genitive and по and the accusative case.
Библиоте́ка бу́дет закры́та с пе́рвого февраля́ по тре́тье ма́рта.
The library will be closed from the first of February through the third of March.

265

Conjunctions:

Listed below are some of the more common conjunctions used in Russian:

и	and
а	but, rather
но	but, however
однáко	however,
хотя́	though, although
или	or, either
либо	either, or
и ... и	both ... and
ни ... ни	neither ... nor
или ... или	either ... or
то ... то	now ... now

17.5 EXERCISES:

A. Translate the following expressions:

1. this monday
2. next month
3. in February
4. three days ago
5. last Tuesday
6. last year
7. in September
8. next week
9. every month
10. for a year

B. Write out the following dates, using the appropriate case:

1. in 1963
2. on May 20th
3. February 14th
4. in 2001
5. July 19th
6. on January 22nd
7. in 1981
8. on December 25th
9. on Friday the 13th
10. in 1993

C. Write out the following clock times using the appropriate form and cases:

1. 5:30	5. 6:10
2. 2:00	6. 3:25
3. 1:11	7. 4:45
4. 7:20	8. 8:00

D. Form the second person singular (ты) and third person plural (они) of the following verbs that resemble those stems of verbs found in this chapter's vocabulary.

1. устать (to be tired)
2. пережить (to survive)
3. сбываться (to come true, be realized)
4. побывать (to stay for awhile)
5. прораба́тывать (to work over, study)
6. дове́рить (to trust)
7. рассерди́ться (to get angry)
8. отста́ть (to lag, fall behind)

A Monument to Pushkin in front of
the Russian Museum in St. Petersburg

CHAPTER 18

VISITING THE DOCTOR

18.1 DIALOGUES:

Listen to the following dialogues on the tape, noting where the stress falls in each word. Then read the dialogues aloud first with the tape and then a second time without it.

A.

```
 1   Иосиф Абрамович: Я болен.
     Софья Константиновна: Что у вас
         болит?
     Иосиф Абрамович: У меня боль в
 5       груди и мне трудно дышать.
     Софья Константиновна: Боль у вас
         острая или тупая?
     Иосиф Абрамович: Острая и
         постоянная.
10   Софья Константиновна: Вы давно так
         себя чувствуете?
     Иосиф Абрамович: Это всё началось
         четыре дня назад.
     Софья Константиновна: Откройте
15       рот. Я измерю вашу
         температуру. Какое лекарство
         вы принимаете?
     Иосиф Абрамович: Никакое.
     Софья Константиновна: Разденьтесь
20       до пояса и сделайте глубокий
         вдох. Вы курите?
     Иосиф Абрамович: Да.
     Софья Константиновна: Вам надо
         бросить курить.
```

25 Иосиф Абрамович: Зна́ю.
    Софья Константи́новна: Тепе́рь
        покашля́йте, пожа́луйста.
    Иосиф Абрамович: Это серьёзно?
    Софья Константи́новна: На́до сде́лать
30   ре́нтген, но ка́жется что у вас
        воспале́ние лёгких.
    Иосиф Абрамович: Что мне де́лать?
    Софья Константи́новна: Не
        беспоко́йтесь. Вы ско́ро
35   вы́здоровеете. Вам надо
        ложи́ться в посте́ль и отдыха́ть.
        Я пропишу́ вам антибио́тики.
        Принима́йте по две табле́тки
        три ра́за в день по́сле еды́.
40 Иосиф Абрамович: Когда́ я смогу́
        вста́ть?
    Софья Константи́новна: Мо́жет быть,
        че́рез де́сять дней.
    Иосиф Абрамович: Спаси́бо.
45 Софья Константи́новна:
        Поправля́йтесь!

В.

1 Ри́мма: Уже́ де́вять часо́в. Ты то́лько
    что просну́лся? Почему́ ты не
    бри́лся?
    Ми́ша: Не кричи́. Я бо́лен. Меня́
5   тошни́т и голова́ кру́жится.
    Ри́мма: Прими́ душ и ты
    почу́вствуешь себя́ лучше.
    Ми́ша: Нет, у меня́ нет сил. Я
    ощуща́ю уста́лость.
10 Ри́мма: Ну хорошо́, но тебе́ на́до
    помытся, почи́стить зу́бы и
    оде́ться, тогда́ мы пойдём к
    врачу́.
    Ми́ша: Ла́дно. Постара́юсь.

18.2   NOTES ON THE DIALOGUES:

A.

4. у меня́ боль в груди́   Note that the construction with у меня́ here does not connote possession and therefore does not include the word есть.

9. постоя́нная   This is an example of a past passive participle in the long form used here as an adjective. A complete discussion of participles may be found in the grammar of Chapter 19.

38. Принима́йте по две табле́тки   The dative case with the preposition п о here denotes two tablets "each time."

B.

4-5. меня́ тошни́т   This expression is always used with the accusative of the person feeling nauseous and the third person singular form of the verb.

18.3   VOCABULARY:

антибио́тики	antibiotics
бо́лен/больна́/ -о́/-ы́	ill, in pain/-f/ -n/-pl
боль	pain
вдох	breath
воспале́ние лёгких	pneumonia
врач	doctor
глубо́кий	deep

голова́	head
грудь	chest
давно́	long ago
де́сять	ten
душ	shower
еда́	food, meal
и́ли	or
зу́бы	teeth
ла́дно	ok
лека́рство	medicine
лу́чше	better
наза́д	ago
о́стрый	sharp
посте́ль	bed
поя́с	waist
ре́нтген	x-ray
рот	mouth
постоя́нный	constant
си́ла	strength
табле́тка	tablet, pill
температу́ра	temperature
тупо́й	dull
уста́лость	fatigue

Phrases:

бро́сить кури́ть	to quit smoking
всё начало́сь	everything started
до по́яса	to the waist
ка́жется, что	it seems that
меня́ тошни́т	I feel nauseous
не беспоко́йтесь	don't worry
не кричи́	don't yell
поправля́йтесь!	get well!
по́сле еды́	after meals
прими́(те) душ	take a shower
разде́ньтесь	get undressed
три ра́за в день	three times a day
у меня́ боль	I have pain
чи́стить зу́бы	brush (one's) teeth
что у вас боли́т?	what hurts?
э́то серьёзно?	is this serious?

Verbs:

беспоко́иться (II)	to worry about
боле́ть (II)	to hurt, ache
бри́ться (бре́юсь, бре́ешься, бре́ются) (I)	to shave oneself
бро́сить (бро́шу, бро́сишь, бро́сят) (II)	to throw; give up
вста́ть (вста́ну, вста́нешь, вста́нут) (I)	to stand, get up
вы́здороветь (I)	to get better
дыша́ть (II)	to breathe
изме́рить (II)	to measure
крича́ть (II)	to scream
кру́жится (II)	to spin, go round
кури́ть (II)	to smoke
ложи́ться (II)	to lie down
нача́ться (начну́сь, начнёшься, начну́тся) (I)	to begin, start
оде́ться (оде́нусь, оде́нешься, оде́нутся) (I)	to get dressed
отдыха́ть (I)	to rest, relax
откры́ть (откро́ю, откро́ешь, откро́ют) (I)	to open
ощища́ть (I)	to feel, experience
пойти́ (пойду́, пойдёшь, пойду́т) (I)	to set off by foot
пока́шлять (I)	to cough
помы́тся (помо́юсь, помо́ешься, помо́ются) (I)	to wash oneself
поправля́ться (I)	to get better
постара́ться (I)	to try
почи́стить (почи́щу, почи́стишь, почи́стят) (II)	to clean
почу́вствовать (I)	to feel
принима́ть (I)	to take
приня́ть (приму́, при́мешь, при́мут) (I)	to take
прописа́ть (пропишу́, пропи́шешь, пропи́шут) (I)	to prescribe
просну́ться (I)	to wake up
разде́ться (разде́нусь,	to undress

раздéнешься,
раздéнутся) (I)
смóчь (смогý, смóжешь,   to be able, can
    смóгут)
сдéлать (I)   to do
чýвствовать (I)   to feel

18.4 GRAMMAR:

Formation and Usage of Verbal Adverbs:

When a sentence contains one subject and two predicate verbs, one of the verbs may be replaced by a verbal adverb or gerund, thereby slightly altering the emphasis of the sentence.

Changing the verbs in the following sentence to verbal adverbs, produces a slightly different meaning in each case.

Онá говорила по-телефóну и курила сигарéту.
She spoke on the phone and smoked a cigarette.
Куря сигарéту, онá говорила по-телефóну.
While smoking a cigarette, she spoke on the phone.
Говоря по-телефóну, онá курила сигарéту.
While speaking on the phone, she smoked a cigarette.

Present tense verbal adverbs, as those in the example above, are used when both verbal actions in the sentence occur simultaneously. They are formed from the third person plural (они) form of imperfective verbs. The third person plural form is dropped and -я (or -a if the stem ends in -ж, -ч, -ш, -щ) is added. Reflexive verbs add an additional -сь suffix.

For example:

чита́ть	чита́ют	чита́я
говори́ть	говоря́т	говоря́
спеши́ть	спеша́т	спеша́
смея́ться	смею́тся	смея́сь

There are some exceptional verbs that form their verbal adverbs differently. For instance, verbs that end in -авать in the infinitive, form their verbal adverbs from the infinitive, not the third person plural, by removing the -ть and adding -я.

встава́ть	встава́я
дава́ть	дава́я

The verbal adverb for быть is бу́дучи.

Past tense verbal adverbs are used when one action takes place before the other action described by the verbs in the sentence. These past tense verbal adverbs are formed from the past tense form of the perfective verb by dropping the past tense ending and adding an - в or -вшись for verbs that end in -ся.

For example:

написа́ть	написа́л	написа́в
купи́ть	купи́л	купи́в
уви́деть	уви́дел	уви́дев
верну́ться	верну́лся	верну́вшись

Prefixed (i.e., perfective) forms of these verbs of motion идти́, вести́, нести́, везти́ form their adverbials similarly to regular imperfective verbs, that is, by using the third person plural of the future tense and adding - я or - а.

уйти́	уйду́т	уйдя́
привести́	приведу́т	приведя́
отнести́	отнесу́т	отнеся́
вы́везти	вы́везут	вы́везя

Some commonly used verbs do not form verbal
adverbs at all. Memorize the following list of verbs
of this type:

бежа́ть	мочь
есть	петь
е́хать	писа́ть
ждать	хоте́ть
звать	any verb ending in -нуть

Verbal adverbs most often come first in a sentence
as a part of a clause that modifies the main or
prominant action of the sentence.

Прочита́в кни́гу, он её дал своему́ бра́ту.
Having read the book, he gave it to his brother.
Купи́в но́вую маши́ну, она́ продала́ ста́рую.
Having bought a new car, she sold her old one.
Живя́ так далеко́, я его́ ре́дко ви́жу.
Living so far away, I seldom see him.
Не зна́я что сказа́ть, он молча́л.
Not knowing what to say, he remained silent.

Parts of the Body:

ankle	лоды́жка
appendix	аппе́ндикс
arm	рука́
back	спина́
blood	кровь
body	те́ло
bone	кость
breasts	гру́ди
cheek	щека́
ear/ears	у́хо/у́ши
elbow	ло́коть
eye/eyes	глаз/глаза́
face	лицо́
finger	па́лец
foot	нога́

genitals	половы́е о́рганы
hand	рука́
heart	се́рдце
hip	бедро́
jaw	че́люсть
kidney	по́чка
knee	коле́но
leg	нога́
lip	губа́
liver	пе́чень
lungs	лёгкие
mouth	рот
muscle	мы́шца
neck	ше́я
nose	нос
rib	ребро́
shoulder	плечо́
skin	ко́жа
stomach	живо́т
teeth	зу́бы
throat	го́рло
tongue	язы́к
vein	ве́на

18.5   EXERCISES:

A. Create verbal adverbs out of the following verbs. Remember that there are different forms for perfective and imperfective verbs.

1. ко́нчиться
2. узнава́ть
3. возвраща́ться
4. прописа́ть
5. отвеча́ть

6. прийти́
7. собира́ться
8. зна́ть
9. сказа́ть
10. приноси́ть

B. Change the first verb in each sentence into a verbal adverb as shown in the following example:

Она́ говори́ла с свои́м бра́том и смотре́ла телеви́зор.

Говоря́ с свои́м бра́том, она́ смотре́ла телеви́зор.

1. Он игра́л на гита́ре и пел.
2. Ива́н сиди́т в кре́сле и чита́ет кни́гу.
3. Она́ прочита́ла кни́гу и принесла́ её в библиоте́ку.
4. О́льга верну́лась домо́й и легла́ спать.
5. Я посла́ла письмо́ и пошла́ на рабо́ту.
6. Са́ша чита́ет письмо́ и улыба́ется.
7. Он не ду́мал и говори́л глу́пости.
8. Андре́й смеётся и чита́ет да́льше.

C. Translate the following verbal adverbs, paying particular attention to their tense.

1. Ду́мая о шко́ле, я...
2. Говоря́ с бра́том, он...
3. Неся́ кни́ги в рука́х, она́...
4. Прие́хав в Москву́, мы...
5. Посла́в письмо́ сестре́, я...
6. Не получи́в отве́та, они́...
7. Идя́ по у́лице, ты...
8. Одева́ясь, она́...
9. Игра́я футбо́л, он...
10. Сказа́в что ей ску́чно, она́...

D. Form the second person singular (т ы) and third person plural (они́) of the following verbs that resemble the stems of those found in this chapter's vocabulary.

1. закрича́ть (to shout)
2. положи́ться (to place, put)
3. справля́ться (to cope with, manage)
4. отстава́ть (to remain behind)
5. закры́ть (to close)

6. надéть (to put on)
7. окружи́ть (to encircle)
8. исправля́ть (to correct)
9. скры́ть (to hide, conceal, cover)
10. стара́ться (to try)

The Kasan Church in Kolomenskoe

CHAPTER 19

OPERA, BALLET
AND CONCERTS

19.1 DIALOGUES:

Listen to the following dialogues on the tape, noting where the stress falls in each word. Then read the dialogues aloud first with the tape and then a second time without it.

A.

1 Генна́дий Тимофе́евич: В пя́тницу мои́ роди́тели прие́дут в го́сти из Фра́нции.

   Ли́дия Матве́евна: Ско́лько вре́мени
5 они́ здесь бу́дут?

   Генна́дий Тимофе́евич: Они́ приезжа́ют на пять неде́ль. Что мне де́лать с ни́ми це́лый ме́сяц, что́бы им не́ было
10 ску́чно?

   Ли́дия Матве́евна: Они́ лю́бят ходи́ть в теа́тр?

   Генна́дий Тимофе́евич: Да, мой оте́ц лю́бит о́перу и мать увлека́ется
15 бале́том, но я ничего́ не понима́ю в класси́ческой му́зыке и та́нце.

   Ли́дия Матве́евна: Не беспоко́йтесь. Я вам помогу́. Я ча́сто быва́ю в
20 теа́тре.

   Генна́дий Тимофе́евич: Вы мо́жете рекомендова́ть о́перу и бале́т?

Ли́дия Матве́евна: Да. Я не то́лько хорошо́ зна́ю ру́сские о́перы и бале́т, но и могу́ доста́ть биле́ты на са́мые лу́чшие представле́ния. У меня́ друзья́ в ка́ссах.

Генна́дий Тимофе́евич: Дава́йте начнём с о́перы. Каку́ю о́перу вы рекоменду́ете?

Ли́дия Матве́евна: В про́шлом году́ я слу́шала о́перу Му́соргского «Бори́с Годуно́в». Эту вещь сто́ит посмотре́ть.

Генна́дий Тимофе́евич: Что́ э́то за о́пера?

Ли́дия Матве́евна: Эта о́пера осно́вана на пье́се Пу́шкина. Истори́ческая пье́са расска́зывает о ру́сском царе́, жи́вшем в шестна́дцатом ве́ке.

Генна́дий Тимофе́евич: Отли́чно! Истори́ческие дра́мы о́чень нра́вятся моему́ отцу́, и наско́лько я по́мню, мой оте́ц никогда́ не слу́шал э́ту о́перу в теа́тре. А бале́т?

Ли́дия Матве́евна: Есть что посмотре́ть в на́шем го́роде. Мой са́мый люби́мый бале́т -- «Лебеди́ное о́зеро» Чайко́вского.

Генна́дий Тимофе́евич: Хотя́ моя́ мать наве́рно не раз ви́дела э́тот бале́т, я уве́рен, что она́ бы по смотре́ла его́ ещё раз с удово́льствием.

Ли́дия Матве́евна: Не на́до. В тако́м слу́чае, мо́жно пойти́ на бале́т «Жизе́ль». Не зна́ю кто бу́дет танцева́ть гла́вную па́ртию, но э́то о́чень краси́вый бале́т.

Генна́дий Тимофе́евич: А биле́ты доста́ть тру́дно?

65   Ли́дия Матве́евна: Нет, я смогу́
            доста́ть вам биле́ты, е́сли
            хоти́те.
    Генна́дий Тимофе́евич: Пожа́луйста!

В.

1   Алёша: Пойдём на конце́рт.
    Шу́ра: Како́й конце́рт? Где?
    Алёша: В за́ле Чайко́вского даю́т
            конце́рт Гли́нки, Бородина́ и
5   Ри́мского-Ко́рсакова.
    Шу́ра: Я вообще́ не люблю́ му́зыку
            двадца́того ве́ка.
    Алёша: Что ты! Они́ все --
            изве́стные компози́торы
10   девятна́дцатого ве́ка!
    Шу́ра: Ты что́-нибудь слы́шал об
            э́том конце́рте?
    Алёша: Да, Мазю́р замеча́тельно
            дирижи́рует и орке́стр отли́чно
15   исполня́ет сце́ны из изве́стных
            о́пер.
    Шу́ра: Ах, тогда́ обяза́тельно на́до
            пойти́. Но биле́ты быва́ют почти́
            всегда́ распро́даны.
20   Алёша: Зна́ю, но е́сли мы пойдём
            ра́ньше, мы смо́жем доста́ть
            ли́шние биле́ты.
    Шу́ра: А во ско́лько начина́ется
            конце́рт?
25   Алёша: В во́семь часо́в. Ну как?
            Пойдём?
    Шу́ра: Пошли́!

19.2 NOTES ON THE DIALOGUES:

A.

4. ско́лько вре́мени   Remember that the quantifier ско́лько requires a noun in the genitive.

11-12. ходи́ть в теа́тр   This is an idiomatic usage of ходи́ть meaning "to frequent the theater."

14-15. увлека́ется бале́том   The verb улвека́ться requires an object in the instrumental.

25-26. могу́ доста́ть биле́ты   The verb доста́ть carries the meaning of "obtaining something with difficulty" as is the case with getting tickets for well-known performances.

27-28. друзья́ в ка́ссах   To have friends who work at a theater box office or ticket office is usually the only way to obtain hard-to-get tickets.

34-35. о́перу Му́соргского «Бори́с Годуно́в»   Modest Musorgsky's (1835-81) opera tells the story of the reign of Tsar Boris Godunov (1552-1605), who took the throne in 1598 by doing away with Dmitry, the brother of the dead Tsar Fyoder. A "False Dmitry" surfaced, gained popular support, and threatened the throne. This period became known as the "Time of Troubles" or сму́тное вре́мя in Russian history.

40. пье́се Пу́шкина   "Boris Godunov" was inspired by a historical play by A. S. Pushkin, who is considered the father of Russian literature.

42. жи́вшем   Instead of using a кото́рый clause to describe the subject, this is a past active participle. See the grammar section of this chapter for more details on these and other types of participles.

51. люби́мый бале́т   This is a present active participle used as an adjective to describe the word ballet.

52. «Лебеди́ное о́зеро» Чайко́вского In addition to "Swan Lake," Petr Chaikovsky (1840-93) wrote several other famous ballets including "The Sleeping Beauty" and "The Nutcracker."

54. не раз ви́дела   This is an idiomatic expression that means "more than once" or "several times."

60. «Жизе́ль»   "Giselle" has long been a favorite classical ballet in Russia.

B.

1. пойдём   This is a very popular construction in Russian colloquial speech, meaning "let's go."

3. в за́ле Чайко́вского   Many of the best classical concerts in Moscow are performed at the Chaikovsky Conservatory or Chaikovsky Concert Hall.

4-5. Гли́нки, Бородина́ и Ри́мского Ко́рсакова   Mikhail Glinka (1804-57), Aleksandr Borodin (1833-87) and Nikolay Rimsky-Korsakov (1844-1908) are three of Russia's greatest nineteenth-century composers.

19. распро́даны   This is a past passive
    participle used here as a predicate.

21-22. доста́ть ли́шние биле́ты
    Buying "spare tickets" is a common way to get
    into a sold-out show. People gather early in
    front of the theater and ask those coming in
    if they might have extra tickets for sale. This
    is quite common at most theaters and halls in
    Moscow and St. Petersburg.

24. во ско́лько начина́ется конце́рт?
    This set phrase has an о after the initial
    preposition to make possible the
    pronunciation of the three consecutive
    consonants.

19.3 VOCABULARY:

бале́т	ballet
биле́ты	tickets
век	century
весь	all, every
вещь	thing
вообще́	in general
всегда́	always
гла́вный	main
го́род	city
девятна́дцатый	nineteenth
двадца́тый	twentieth
дра́ма	drama
е́сли	if
ещё раз	again
жи́вший	one who lives
замеча́тельно	wonderful
из + gen	from
изве́стный	famous
истори́ческий	historic
ка́сса	ticket office

классический	classical
композитор	composer
концерт	concert
красивый	pretty
кто	who
лишние	spare, extra
любимый	favorite
лучший	better
мать	mother
музыка	music
наверно	probably
не раз	more than once
неделя	week
никогда	never
ничего	nothing
обязательно	absolutely
опера	opera
отец	father
отлично	excellent
партия	party
представление	performance
почти	almost
пьеса	play
пятница	friday
раньше	earlier
распроданы	sold out
родители	parents
самый	the most
скучно	boring
сцена	scene
танец	dance
театр	theater
тогда	then, at that time
трудно	difficult
уверен	sure
Франция	French
царь	czar
целый	whole
часто	often
шестнадцать	sixteenth
хотя	although

Phrases:

в го́сти	to visit
в про́шлом году́	last year
в стиха́х	in verse
в тако́м слу́чае	in that case
во ско́лько	at what time
дава́й(те) начнём	let's start
е́сть что посмотре́ть	there are things worth seeing
наско́лько я по́мню	as I recall
не беспоко́йтесь	don't worry
не на́до	that's not necessary
не то́лько, но и	not only, but also
ну как?	well, what do you think?
осно́вана на	based on
понима́ть в	have an understanding of
пошли́	let's go!
прекра́сно!	great!
ско́лько вре́мени	what time is it
сто́ит посмотре́ть	it's worth seeing
с удово́льствием	with pleasure
ходи́ть в теа́тр	go to the theater
це́лый ме́сяц	a whole month
что́ ты!	what do you mean?!
что э́то за	what kind of .. is it?
я вам помогу́	I'll help you

Verbs:

беспоко́иться (II)	to worry
быва́ть (I)	to happen
ви́деть (ви́жу, ви́дишь, ви́дят) (II)	to see
да́ть (да́м, да́шь, да́ст, дади́м, дади́те, даду́т)	to give
дирижи́ровать (I)	to conduct
доста́ть (доста́ну, доста́нешь, доста́нут) (I)	to obtain
зна́ть (I)	to know
игра́ть (I)	to play

исполня́ть (I)	to perform
мо́чь (могу́, мо́жешь, мо́гут)	to be able
нача́ть (начну́, начнёшь, начну́т) (I)	to begin
начина́ться (I)	to begin
пойти́ (поиду́, поидёшь, поиду́т) (I)	to go by foot
посмотре́ть (II)	to see, watch
помо́чь (помогу́, помо́жешь, помо́гут) (I)	to help
посмотре́ть (II)	to see, watch
расска́зывать (I)	to relate, tell
рекомендова́ть (I)	to recommend
слы́шать (слы́шу, слы́шишь, слы́шат) (II)	to hear
слу́шать (I)	to listen
смо́чь (смогу́, смо́жешь, смо́гут)	to be able
сто́ить (II)	to cost, be worth
танцева́ть (I)	to dance
увлека́ться (I)	to be keen on
ходи́ть (хожу́, хо́дишь, хо́дят) (I)	to go by foot
хоте́ть (хочу́, хо́чешь, хо́чет, хоти́м, хоти́те, хотя́т)	to want

19.4 GRAMMAR:

Кото́рый Clauses:

The word кото́рый is a relative pronoun that may be translated as "which," "who," "that," or "whose." It appears in all three genders as well as the plural. It declines as a regular adjective and its case depends on its function in the clause in which it appears.

Моя́ ба́бушка, с кото́рой я жила́ в де́тстве, умерла́ уже́ давно́.
My grandmother, with whom I lived in childhood, died already long ago.

На́до посла́ть письмо́ бра́ту, от кото́рого я получи́ла пода́рок.
I need to send a letter to my brother, from whom I received the present.

Я чита́ю кни́гу, кото́рая то́лько что была́ опублико́вана.
I'm reading a book, which has only just been published.

Скажи́ учи́телю, кото́рый ожида́ет меня́, что я ско́ро приду́.
Tell the teacher, who is expecting me, that I'll be coming soon.

When the antecedent is a pronoun rather than a noun, кото́рый is replaced by either кто or что as the relative pronoun.

Она́ уже́ зна́ла то, что он хоте́л сказа́ть ей.
She already knew that which (what) he wanted to say to her.

Participles:

Commonly replacing кото́рый clauses, participles occur quite often in written Russian, but are somewhat less prevalent in the spoken language of everyday life. A passive knowledge of how to recognize and translate the four different types of participles is necessary, in particular for reading literature. Details on how to form and use them are also given, but are not necessary at this level.

288

Present Active Participles:

These may be formed from imperfective verbs only and are used to replace a present tense verbal construction.
They are formed by dropping the ending off the third person present tense ending (они) and adding -щии, -щая, -щее, -щие depending on the gender and number of the noun they modify. Reflexive verbs add an additional -ся suffix (возвращающийся).

писа́ть	они пи́шут
пи́шущий	(кото́рый пи́шет)
пи́шущая	(кото́рая пи́шет)
пи́шущее	(кото́рое пи́шет)
пи́шущие	(кото́рые пи́шут)

Я встре́тила антропо́лога, кото́рый пи́шет о ре́дких живо́тных.
I met an anthropologist, who writes about rare animals.
Я встре́тила антропо́лога, пи́шущего о ре́дких живо́тных.

Note that whereas кото́рый is the subject (thus nominative case) of its own clause, when it is replaced by the present active participle, it agrees with the noun it modifies in gender, number and case.

Past Active Participles:

These participles may be formed from either perfective or imperfective verbs in the past tense. They are formed by dropping the past tense verbal endings (-л, -ла, -ло, -ли) and adding -вший, -вшая, -вшее, -вшие depending on the gender and number of the verb they modify.

Once again, reflexive verbs add an additional -ся suffix (возвраща́вшийся).

писа́ть   писа́л
писа́вший   (кото́рый писа́л)
писа́вшая   (кото́рая писа́ла)
писа́вшее   (кото́рое писа́ло)
писа́вшие   (кото́рые писа́ли)

Я встре́тила писа́теля, кото́рый написа́л э́ту кни́гу.
I met the writer who wrote that book.
Я встре́тила писа́теля, написа́вшего э́ту кни́гу.

Note here again that whereas кото́рый is the subject (thus nominative case) of its own clause, when it is replaced by the participle, it agrees with the noun it modifies in gender, number and case.

If the past tense of the verb does not end in an -л, then the -в is dropped from the ending throughout the entire paradigm: (вёз -> вёзший, вёзшая, вёзшее). The past active participle for the verb идти́ and any of its prefexed variants is ше́дший, ше́дшая, etc.

Present Passive Participles:

These are created from imperfective transitive verbs in the present tense and are not often used in spoken language. Present passive participles are formed from the first person plural form of the verb and a regular adjectival ending (-ый, -ая, -ое, -ые).

чита́ть   мы чита́ем
чита́емый   (который чита́ет)
чита́емая   (которая чита́ет)
чита́емое   (которое чита́ет)
чита́емые   (которые чита́ют)

Кни́га, кото́рую мы чита́ем в шко́ле, о́чень
интере́сная.
The book, which we are reading at school, is very
interesting.
Кни́га, чита́емая на́ми в шко́ле, о́чень
интере́сная.

Note that in the present passive participle clause,
the agent performing the action (if mentioned) is in
the instrumental case.

For the verb дава́ть and its prefixed forms, the
present passive participle is дава́емый, дава́емая
etc.

Past Passive Participles:

These participles may only be formed from
transitive verbs, mostly of the perfective aspect.
There are long and short forms for past passive
participles that resemble long and short form
adjectives. Once again, note that the agent
performing the action is in the intstrumental case
when a past passive participle is used.

The formation of past passive participles depends on
the infinitive of the verb.
If the infinitive ends in -ать, -ять, or -еть,
drop the -л from the perfective past tense and
add -н, -на, -но, -ны for the short forms or
-ный, -ная, -ное, -ные for the long forms.

написа́ть
напи́сан/напи́санный
напи́сана/напи́санная
напи́сано/напи́санное
напи́саны/напи́санные

Он посла́л письмо́, кото́рое он написа́л
вчера́.
He sent the letter which he had written yesterday.
Он посла́л письмо́, напи́санное им вчера́.

If the infinitive ends in -ить or -ти , the first
person ending -у / -щ is dropped and the endings
added are: -ен, -ена, -ено, -ены for the short
forms or -енный, -енная, -енное, -енные
for the long forms.

положи́ть положу́
поло́жен / поло́женный
поло́жена / поло́женная
поло́жено / поло́женное
поло́жены / поло́женные

Эта кни́га, кото́рую де́вушка положи́ла на
сто́л, моя́.
That book, which the girl placed on the table, is
mine.
Эта кни́га, поло́женная на сто́л де́вушкой,
моя́.

The following Type I verbs have an irregular short
form past passive participle with a -т ending.
They should be memorized.

вы́пить   вы́пит, -а, -о, -ы
взять   взя́т, -а́, -о, -ы
забы́ть   забыт, -а, -о, -ы
заня́ть   за́нят, -а́, -о, -ы
закры́ть   закры́т, -а, -о, -ы
нача́ть   на́чат, -а́, -о, -ы
оде́ть   оде́т, -а, -о, -ы
откры́ть   отркы́т, -а, -о, -ы
снять   сня́т, -а, -о, -ы
уби́ть   уби́т, -а, -о, -ы

19.5 EXERCISES:

A. Identify the following participles as to their type (ie. present active, past active, present passive, past passive):

1. создава́емый
2. про́данный
3. начина́ющий
4. на́йденный
5. люби́мый

6. бежа́вший
7. живу́щий
8. уважа́емый
9. прише́дший
10. пригото́вленный

B. Translate the following particlples, formed from verbs presented in the vocabulary sections of this book, paying particular attention to tense. For example, написа́вший: which wrote. If you do not recognize the verb, look it up in Appendix III.

1. чита́ющий
2. ви́ден
3. сказа́вший
4. принёсший
5. занима́ющийся

6. взята́
7. решённые
8. жи́вший
9. рабо́тающий
10. бы́вший

C. Give the short forms of the following long form past passive participles. Watch gender!

1. утомлённый
2. ку́пленная
3. бро́шенное
4. освобождённая
5. встре́ченный

6. разбу́женное
7. изу́ченная
8. взя́тое
9. прочи́танный
10. и́збранная

D. Form the second person singular (ты) and third person plural (они́) of the following verbs that resemble the stems of those found in this chapter's vocabulary.

1. проигра́ть (to lose)
2. послу́шаться (to listen to, give attention to)
3. присмотре́ться (to observe, stare at)
4. захоте́ться (to want, to like)
5. заигра́ться (to play too long)
6. осозна́ть (to comprehend)
7. наду́мывать (to reflect on)
8. расслы́шать (to catch, hear)
9. дозна́ться (to find out, get to know)
10. вы́играть (to win)

The Winter Palace in St. Petersburg

CHAPTER 20

REVIEW CHAPTER (11-19)

In this chapter you have the opportunity to review and test some of the basic grammar and vocabulary from chapters eleven to nineteen of this book.

 Unprefixed Verbs of Motion:

multi-	uni-	multi-	uni-
ходи́ть	идти́	е́здить	е́хать
хожу́	иду́	е́зжу	е́ду
хо́дишь	идёшь	е́здишь	е́дешь
хо́дит	идёт	е́здит	е́дет
хо́дим	идём	е́здим	е́дем
хо́дите	идёте	е́здите	е́дете
хо́дят	иду́т	е́здят	е́дут

ходи́л	шёл	е́здил	е́хал
ходи́ла	шла́	е́здила	е́хала
ходи́ло	шло́	е́здило	е́хало
ходи́ли	шли́	е́здили	е́хали

бе́гать	бежа́ть	лета́ть	лете́ть
бе́гаю	бегу́	лета́ю	лечу́
бе́гаешь	бежи́шь	лета́ешь	лети́шь
бе́гает	бежи́т	лета́ет	лети́т
бе́гаем	бежи́м	лета́ем	лети́м
бе́гаете	бежи́те	лета́ете	лети́те
бе́гают	бегу́т	лета́ют	летя́т

бе́гал	бежа́л	лета́л	лете́л
бе́гала	бежа́ла	лета́ла	лете́ла
бе́гало	бежа́ло	лета́ло	лете́ло
бе́гали	бежа́ли	лета́ли	лете́ли

носи́ть	нести́	вози́ть	везти́
ношу́	несу́	вожу́	везу́
но́сишь	несёшь	во́зишь	везёшь
но́сит	несёт	во́зит	везёт
но́сим	несём	во́зим	везём
но́сите	несёте	во́зите	везёте
но́сят	несу́т	во́зят	везу́т

носи́л	нёс	вози́л	вёз
носи́ла	несла́	вози́ла	везла́
носи́ло	несло́	вози́ло	везло́
носи́ли	несли́	вози́ли	везли́

Prefixed Verbs of Motion:

Listed below are some of the most commonly used prefixes and the meanings they impart on the verb:

в –	entering, going in
вы –	leaving, going out
до-	reaching, going as far as
за –	going behind, stopping in
об –	circling, going around
от –	leaving, going away from
по –	a little bit, a short while
при –	arrival, coming
у –	departure, going
под-	approaching, going up to
про-	traversing, going through
пере-	crossing, going accross or over
с-	descending, coming down, getting of

Remember that идти́ becomes -йти and е́здить becomes -езжать when prefixed.
And after a prefix ending in a consonant, идти́ becomes ойти and е́здить/е́хать become -ъезжать/-ъехать.

 ## Prepositions Used with Prefixed Verbs of Motion:

Listed below are the most common prefixes for verbs of motion and the possible prepositions (and their cases) that may be used with each.

| в - | в + acc | до- | до + gen |
| | на + acc | | |

вы -	в + acc	за -	в + acc
	на + acc		на + acc
	к + dat		к + dat
	из + gen		за + inst
	с + gen		за + acc
	от + gen		

| об - | вокру́г + gen | от - | от + gen |

по -	по + dat	при -	в + acc
	к + dat		на + acc
	в + acc		к + dat
	на + acc		из + gen
	от + gen		с + gen
	из + gen		от + gen
	с + gen		

у -	в + acc	про -	в + acc
	на + acc		че́рез + acc
	к + dat		ми́мо + gen
	из + gen		сквозь + acc
	с + gen		
	от + gen		

под- к +dat   пере- че́рез + acc

с-   на + acc
      с + gen
      к + dat
      за + inst

Comparatives and Superlatives:

Comparatives are formed using бо́лее/ме́нее (more/less) and the adjective of choice. Some of the most frequently used comparatives have irregular forms that must be memorized. Here again is that list of irregular comparative forms.

бли́зкий	бли́же	nearer
бога́тый	бога́че	richer
большо́й	бо́льше	more
высо́кий	вы́ше	higher
глубо́кий	глу́бже	deeper
гро́мкий	гро́мче	louder
далёкий	да́льше	farther
дешёвый	деше́вле	cheaper
дорого́й	доро́же	more expensive
жа́ркий	жа́рче	hotter
коро́ткий	коро́че	shorter
лёгкий	ле́гче	easier
ма́ленький	ме́ньше	less
молодо́й	моло́же	younger
ни́зкий	ни́же	lower
плохо́й	ху́же	worse
просто́й	про́ще	simpler
по́здний	по́зже	later
ра́нний	ра́ньше	earlier
ста́рый	ста́рше	older
ти́хий	ти́ше	quieter
то́лстый	то́лще	fatter
у́зкий	у́же	narrower
хоро́ший	лу́чше	better

When comparing two objects, you may either use the genitive case or чем and the nominative.

Ва́ня ста́рше Ива́на.
Ва́ня ста́рше, чем Ива́н.

Superlatives are formed by using the word са́мый (most) which acts like an adjective and agrees with the word it modifies in case and gender.

По-моему, она́ са́мая тала́нтливая певи́ца в ми́ре.
In my opinion, she's the most talented singer in the world.

 Ordinal Numbers:

The ordinal numerals act like adjectives and agree in gender, number and case with the noun that they modify. Listed below are the masculine singular forms. Remember that the ordinal number for "three" has an irregular "soft" declension.

1st	пе́рвый	11th	оди́ннадцатый
2nd	второ́й	12th	двена́дцатый
3rd	тре́тий	13th	трина́дцатый
4th	четвёртый	14th	четы́рнадцатый
5th	пя́тый	15th	пятна́дцатый
6th	шесто́й	16th	шестна́дцатый
7th	седьмо́й	17th	семна́дцатый
8th	восьмо́й	18th	восемна́дцатый
9th	девя́тый	19th	девятна́дцатый
10th	деся́тый	20th	двадца́тый

21 два́дцать пе́рвый	70 семидеся́тый
22 два́дцать второ́й	71 се́мьдесят пе́рвый
30 тридца́тый	80 восмидеся́тый
31 три́дцать пе́рвый	81 во́смьдесят пе́рвый
40 сороково́й	90 девяно́стый
41 со́рок пе́рвый	91 девяно́сто пе́рвый
50 пятидеся́тый	100 со́тый
51 пятьдеся́т пе́рвый	101 сто́ пе́рвый
60 шестидеся́тый	200 двухсо́тый
61 шестьдеся́т пе́рвый	201 две́сти пе́рвый

300 трёхсо́тый	700 семисо́тый
301 три́ста пе́рвый	701 семьсо́т пе́рвый
400 четырёх со́тый	800 восьмисо́тый
401 четы́реста пе́рвый	801 восемьсо́т пе́рвый
500 пятисо́тый	900 девятисо́тый
501 пятьсо́т пе́рвый	901 девятьсо́т пе́рвый
600 шестисо́тый	1,000 ты́сячный
601 шестьсо́т пе́рвый	2,000 двухты́сячный

 Cardinal Numbers:

Remember that cardinal numbers--with the exception of the numers "one" and "two"--are masculine nouns.

1	оди́н/одна́/-о́/-и́	11	оди́ннадцать
2	два/две	12	двена́дцать
3	три	13	трина́дцать
4	четы́ре	14	четы́рнадцать
5	пять	15	пятна́дцать
6	шесть	16	шестна́дцать
7	семь	17	семна́дцать
8	во́семь	18	восемна́дцать
9.	де́вять	19	девятна́дцать
10.	де́сять	20	два́дцать

21	два́дцать оди́н	101	сто оди́н
22	два́дцать два	200	две́сти
30	три́дцать	201	две́сти оди́н
31	три́дцать оди́н	250	двести пятьдеся́т
40	со́рок	300	три́ста
50	пятьдеся́т	400	четы́реста
42	со́рок два́	500	пятьсо́т
60	шестьдеся́т	600	шестьсо́т
70	се́мьдесят	700	семьсо́т
80	во́семьдесят	800	восемьсо́т
90	девяно́сто	900	девятьсо́т
100	сто	1000	(одна́) ты́сяча

Time Expressions:

Како́й сего́дня день неде́ли?
The days of the week are of different genders. To
answer the question "what day of the week is it?,"
use the day of the week in the nominative case
preceded by the word сего́дня.

Sunday	воскресе́нье	*Woskresené*
Monday	понеде́льник	
Tuesday	вто́рник	
Wednesday	среда́	
Thursday	четве́рг	
Friday	пя́тница	
Saturday	суббо́та	

В како́й день?
To answer the question "on what day?," use the
preposition в and the accusative case.

on Monday	в понеде́льник
on Wednesday	в среду́
last Saturday	в про́шлую суббо́ту
next Friday	в бу́дущую пя́тницу
last Tuesday	в про́шлый вто́рник
next Sunday	в бу́дущее воскресе́нье

301

В какой месяц?

All the months are masculine. To express the idea of
"in a certain month," use the preposition в and the
prepositional case.

January	январь
February	февраль
March	март
April	апрель
May	май
June	июнь
July	июль
August	август
September	сентябрь
October	октябрь
November	ноябрь
December	декабрь

Какое сегодня число?

To express the day's date, use the nominative case
(neuter to agree with сегодня) of the ordinal
number and the month in the genitive case.

Today's January 1st	Сегодня первое января
Today's March 22nd	Сегодня двадцать второе марта

Какого числа?

The concept of "on" a particular date is expressed by
the ordinal number and the month both in the
genitive case. When the year is included, the final
digit of this number is also in the genitive case.

on the 16th of June	шестнадцатого июля
December 24th	двадцать четвёртого декабря
the 10th of February	десятого февраля

on April 12, 1975   двена́дцатого апре́ля
ты́сяча девятьсо́т
се́мьдесят пя́того
го́да

В кото́ром году́?
When just the year is given as the date of some
occurrence, the ordinal numbers are used except for
the last digit which is cardinal and declined in the
prepositional case along with the word for "year."

in 1994	в ты́сяча девятьсо́т девяно́сто четвёртом году́
in 1988	в ты́сяча девятьсо́т во́семьдесят восьмо́м году́
in 2010	в две́ ты́сячи деся́том году́

Telling Time:

To express a time between the hour and half past
that hour, use a cardinal number and the ordinal
number of the next hour in the genitive case.

1:03	три мину́ты второ́го
2:15	че́тверть тре́тьего
3:00	три часа́

To express a time from half past the hour to the next
hour, use the preposition без + genitive case of the
cardinal number up to the next hour which is in the
nominative case.

1:32	без двадцати́ восьми́ два
2:35	без двадцати́ пяти́ три
6:40	без двадцати́ се́мь
8:45	без че́тверти де́вять

Verbal Adverbs:

Used when the action of the two verbs occurs simultaneously, present tense verbal adverbs are formed from the third person plural form of imperfective verbs. The third person plural form is dropped and -я (or -а if the stem ends in -ж, -ч, -ш, -щ) is added. Reflexive verbs add an additional -сь suffix.

чита́ть	чита́ют	чита́я
спеши́ть	спеша́т	спеша́
смея́ться	смею́тся	смея́сь

Past tense verbal adverbs are used when one action takes place before the other action described in the sentence. They are formed from the past tense form of the perfective verb by dropping the past tense ending and adding an -в or -вшись for verbs that end in -ся.

купи́ть	купи́л	купи́в
уви́деть	уви́дел	уви́дев
верну́ться	верну́лся	верну́вшись

Participles:

Present Active Participles:

These may be formed from imperfective verbs only and are used to replace a present tense verbal construction with an active agent. Present active participles are recognizable by the presence of their -щии, -щая, -щее, -щие suffixes.

пи́шущий, пи́шущая, пи́шущее, пи́шущие

Я зна́ю писа́тельницу, пишу́щую кни́ги для дете́й.

I know a writer (female), who writes books for children.

Past Active Participles:

These participles may be formed from either perfective or imperfective verbs in the past tense, with an active agent. Past active participles may be recognized by their distinctive suffixes: -вший, -вшая, -вшее, -вшие.

писа́вший, писа́вшая, писа́вшее, писа́вшие

Я пообе́дала с профессо́ром, пишу́щим но́вую кни́гу о Проко́фьеве.
I had dinner with the professor, who wrote the new book on Prokofiev.

Present Passive Participles:

These are created from imperfective transitive verbs in the present tense and when specified, their agent of action is in the instrumental. Present passive participles resemble first person plural verbs with adjectival endings: -ый, -ая, -ое, -ые.

чита́емый, чита́емая, чита́емое, чита́емые

Журна́л, чита́емый студе́нтами в университе́те, включа́ет статьи́ на ра́зные интере́сные те́мы.
The journal, which the students are reading at the university, contains articles on various interesting subjects.

Past Passive Participles:

These participles may only be formed from transitive verbs, mostly of the perfective aspect and their agents are expressed in the instrumental case. There are both long and short forms, as well as several different stems. Long forms may be recognized by their -нн- infix, whereas the short forms resemble short form adjectives.

написа́ть
напи́сан/напи́санный,
напи́сана/напи́санная,
напи́сано/напи́санное,
напи́саны/напи́санные

положи́ть/положу́
поло́жен/поло́женный
поло́жена/поло́женная
поло́жено/поло́женное
поло́жены/поло́женные

Эта кни́га, напи́санная мое́й сестро́й, продаётся во все́х магази́нах.
That book, which was written by my sister, is sold in all the stores.

Review Exercises:

Now that you have reviewed some of the major grammar points of the last nine chapters, try your hand at these review exercises. If you find you cannot complete the exercises without looking at the text, then go back and reread the appropriate chapter again before attempting to complete them.

A. Translate the following prefixed verbs of motion giving the infinitive form of both the perfective and imperfective form, as well as the necessary preposition if applicable.

1. to walk up to
2. to fly from
3. to run away from
4. to enter in on foot
5. to leave by car
6. to run around
7. to transport up to
8. to carry away
9. to depart by car
10. to arrive by plane

B. Translate the following prefixed verbs of motion and their prepositions, paying particular attention to tense, number and aspect. Give the case required after the preposition as well. For example, вы́йдут и з = they will walk out of; genitive.

1. перее́ду че́рез
2. отъе́зжает от
3. уходи́л к
4. вво́дит в
5. зайдём за
6. войдёшь в
7. привезёт с
8. подбежи́т к
9. выхожу́ из
10. принесёт на

C. Form the following comparatives and superlatives.

1. the most beautiful
2. wider
3. more intelligent
4. thicker
5. worse
6. older
7. higher
8. less interesting
9. better
10. longer

D. Write out the following ordinal numbers in the masculine singular form.

1. 3rd
2. 45th
3. 104th
4. 200th
5. 1st
6. 16th
7. 500th
8. 65th
9. 50th
10. 27th

E. Write out the following cardinal numbers and decline the nouns that follow in the appropriate case and number.

1. 5 день
2. 2 неде́ля
3. 33 до́ллар
4. 7 год
5. 22 рубль

6. 15 год
7. 78 рубль
8. 6 ме́сяц
9. 1 день
10. 98 до́ллар

F. Translate the following time expressions using the correct cases. Spell out all numbers.

1. on January 6th
2. in 1945
3. next September
4. Friday the 24th
5. October 14, 1963

6. 1929
7. Monday August 1st
8. in 1985
9. on Saturday
10. on May 10th, 1993

G. Write out the following clock times:

1. 2:15
2. 6:35
3. 9:20

4. 3:45
5. 5:29
6. 7:30

7. 12:23
8. 8:40
9. 9:00

H. Translate the following verbal adverbs. Watch the tense!

1. позвони́в
2. де́лая
3. говоря́
4. смотря́

5. слу́шая
6. узна́в
7. занима́вшись
8. купи́в

I. Identify the type and translate the following participles.

1. писа́вший
2. ше́дший
3. чита́ющий
4. называ́емый

5. позвони́вший
6. прие́хавший
7. люби́мый
8. изуча́ющий

308

APPENDIX I

TRANSLATIONS OF DIALOGUES

The numbers at right refer to the lines of the original Russian text.

CHAPTER 1: GETTING ACQUAINTED

A.
1   Ivan Dmitrievich: Hello.
       Anna Pavlovna: Good day.
       Ivan Dmitrievich: What's your name?
5   Anna Pavlovna: My name is Anna Pavlovna.
       Ivan Dmitrievich: And mine is Ivan Dmitrievich.
       Anna Pavlovna: I'm very glad to meet you.
10   Ivan Dmitrievich: Sit down, please.
       Anna Pavlovna: Thank you.
       Ivan Dmitrievich: How are you?
15   Anna Pavlovna: Well. Thank you. And you?
       Ivan Dmitrievich: Lousy.
       Anna Pavlovna: Why?
       Ivan Dmitrievich: Because I am very busy now.
20   Anna Pavlovna: When will you be free?
       Ivan Dmitrievich: Please, come back again on
          Wednesday. Are you free then?
25   Anna Pavlovna: Yes. Excuse me for disturbing
          you. I'll return on Wednesday.
       Ivan Dmitrievich: Until Wednesday.
       Anna Pavlovna: Goodbye.

B.
1   Sveta: Hiya Styopa.
       Styopa: Hi Sveta.
       Sveta: How're things?
5   Styopa: Fine. What's new?
       Sveta: Nothing. I'm working a lot.
       Styopa: Where's Olga? Do you know?
       Sveta: No, I don't. Maybe she's at home.
10   Styopa: And Boris? Have you seen him?

Sveta: Yes, he's at the library.
Styopa: Of course, I forgot. Borya and Sasha are at
the library. After all, tomorrow is the exam.
15   Sveta: Yes, and I need to prepare for the exam as
well.
Styopa: Well ok.
Sveta: Bye Styopa.
Styopa: See you soon.

CHAPTER 2: FAMILY AND NATIONALITIES

A.
1   Elena Kirillovna: What beautiful eyes you have! Are
you Italian?
Stefan Ivanovich: No, my mother is Jewish and my
5   father is Polish. They live in Canada. I was
born there. And what is your nationality?
Elena Kirillovna: I'm an American. I live in New
York.
10   Stefan Ivanovich: And were your parents born in the
USA?
Elena Kirillovna: No. My mother is Ukrainian
and my father is German.
Stefan Ivanovich: And your husband?
15   Elena Kirillovna: I'm not married. And your
wife, is she also Canadian?
Stefan Ivanovich: No, she's Jewish. We now live in
Israel.
20   Elena Kirillovna: Do you have children?
Stefan Ivanovich: We do. We have one son and one
daughter.
Elena Kirillovna: Wonderful!

B.
1   Irena: Igor, do you have a small family?
Igor: No, on the contrary, I have a rather large
5   family. There are five of us.
Irena: That means you have a mother, a father, a
brother and a sister?
Igor: Yes, I have parents and a brother, but no sister.
10   Irena: But you said there were five of you.
Igor: Ah yes, we also have a grandmother.
Irena: And what about a grandfather?

310

Igor: He died three years ago.

15 Irena: I'm sorry. Is your brother older or younger
than you?

Igor: Aleksandr is two years older than I am.
He will soon be getting married.

Irena: Then you will have either a nephew or a niece.

20 Igor: Yes, probably. My parents very much want to
have a grandson or granddaughter.

Irena: Do you want to get married someday?

25 Igor: Yes, but not now. I'm still too young to be
married. And you? Do you want to get
married?

30 Irena: Perhaps, but first I want to go to graduate
school.

CHAPTER 3: TELEPHONE CONVERSATIONS

A.

1 Tatyana Andreevna: Hello.

Boris Petrovich: Tatyana Andreevna, please.

5 Tatyana Andreevna: Speaking.

Boris Petrovich: Hello. This is Boris Petrovich
speaking. It seems that I have found your
change purse.

Tatyana Andreevna: Thank God! I lost it this morning

10 and I've been looked everywhere. Where did
you find it?

Boris Petrovich: In the subway near the Mayakovsky
subway.

15 Tatyana Andreevna: But how did you know whose
wallet it was?

Boris Petrovich: Your name is written inside

20 and your telephone number is also here.

Tatyana Andreevna: Oh yes, I forgot. I'm so glad that
you found it. Thank you ever so much.

Boris Petrovich: You're welcome. You can come

25 get it from me here at the university.
My office number is 254.

B.

1 Olga: Hello?

Andryusha: Anna, is that you?

Olga: No, it's not Anna. This is Olga, her sister.

5   Andryusha: Hi Olga. This is Andrey from the
               institute. How're things?
    Olga: Fine, thanks. And with you?
    Andryusha: Ok. Is Anna available?
    Olga: Anna's not home.
10   Andryusha: When will she be back, do you know?
    Olga: No, I don't. Probably in an hour. She went to
               the store. Want me to give her a message?
15   Andryusha: Yes, please tell her that I called
               and that I'll call again later.
    Olga: Ok. I'll tell her.
    Andryusha: Thanks. Bye.
20   Olga: See you soon.

CHAPTER 4: SPORTS AND MUSIC

A.

1   Arkady Arkadievich: What do you do after work?
    Vera Petrovna: I usually occupy myself with sports.
5   Arkady Arkadievich: How interesting. What kinds?
    Vera Petrovna: That depends on the season. In
               the summer, I play tennis and volleyball and
10   I swim. In the winter, I ski and skate. Year-
               round, I run four times a week.
15   Arkady Arkadievich: You're obviously quite a sports
               lover.
    Vera Petrovna: Ah yes, and my husband is too. He
               likes soccer and basketball, but he prefers to
20   watch games on television. Most of all he
               likes to watch football games.
    Arkady Arkadievich:What team does he root for?
25   Vera Petrovna: He is especially glad when the
               Buffalo Bills win.
    Arkady Arkadievich: Of course!

B.

1   Yury: Do you play any kind of instrument?
    Lara: Yes, when I was small, I learned how to play
5   the guitar, but now I play the flute.
    Yury: That's fantastic! Since childhood I've played
            the violen, but soon I will learn how to play
            the piano too.
10   Lara: Do you have time for all of this?

Yury: Of course not, but I try.
Lara: Yesterday I was at an interesting concert in
Chaikovsky Hall.
15   Yury: What did you hear there?
Lara: They played Prokofiev and Shostakovich.
Yury: How wonderful! What a pity that I didn't
know about it earlier.
20   Lara: Next time I'll call you.
Yury: Marvelous!

CHAPTER 5: ASKING FOR HELP

A.
1   Svetlana Vasilevna: Please give me that book
there on the table and I'll show you that
5   picture, which I promised to show you.
Maksim Maksimovich: Here it is. I bought this
great book in the spring when I was in
London. My sister advised me to buy it. She
10   said that I would never again find such a
wonderful book.
Svetlana Vasilevna: I agree. I like it very much.
15   Maksim Maksimovich: I promise you that next
time I'm in London, I'll buy it for you.
Svetlana Vasilevna: Ah London! I so much want to go
there myself.
20   Maksim Maksimovich: Perhaps you will soon
manage to go.
Svetlana Vasilevna: It's difficult for me to go
there now.
25   Maksim Maksimovich: Why? Does your work
interfere?
Svetlana Vasilevna: No, the problem is that I
help my old neighbor. He broke his leg
30   and I do his grocery shopping every day.
Maksim Maksimovich: That's a lot of work.
35   Svetlana Vasilevna: No, it's pleasant for me to help
him out. He's a very sweet man.
Maksim Maksimovich: Well then it's fine.

B.
1   Natasha: Evgeny, can you help me?
Evgeny: Of course.

Natasha: I'm studying Russian and I don't know the
5 answer to this question.
Evgeny: Don't you understand it?
Natasha: No, I understand the question, but I don't
know the answer.
10 Evgeny: The question is very easy. The answer is in
the text. Read further and you'll find it.
15 Natasha: How is this word properly pronounced?
Evgeny: Show me which word.
Natasha: Here, this long one.
Evgeny: Sightseeing?
Natasha: Yes, that's it! What is it?
20 Evgeny: That's what tourists see when they travel.
Natasha: Now it's clear!

CHAPTER 6: SCHOOL AND PROFESSIONS

A.
1 Dmitry Konstantinovich: Hello! I'm so glad to
see you! How are you?
Kseniya Vladimirovna: Fine, and you? And your
5 children? Do they still live with you?
Dmitry Konstantinovich: What do you mean!?!
They are both already grown up.
Kseniya Vladimirovna: What are they doing now?
10 Have they entered the university?
Dmitry Konstantinovich: Yes, Yakov studied law and
15 Sasha studied physics. But Yakov has
already graduated. He works as a lawyer.
Sasha has entered graduate school. She's
presently writing her dissertation and
20 will defend it in a month or two.
Kseniya Vladimirovna: And then what?
Dmitry Konstantinovich: After she finishes
25 graduate school, she will become a professor.
Kseniya Vladimirovna: Fantastic!
Dmitry Konstantinovich: Yes, I'm very proud of my
children.

B.
1 Valya: What are you occupied with, Tolya?
Tolya: Nothing. I'm resting now.
Valya: Why do you need to rest?

314

5	Tolya: Because the semester just ended and I'm very tired.
	Valya: What subjects did you study?
	Tolya: I'm in the History Department, so that most of
10	my classes are in history, but I'm also
	studying Chinese language and literature.
	Valya: Is Chinese difficult?
	Tolya: No, but as you know, the study of
15	languages demands a lot of time.
	Valya: That's absolutely true. Have you already
	taken your exams?
	Tolya: Not only have I taken them, but I've passed
	them also!
20	Valya: Fantastic! Then you deserve to rest.

CHAPTER 7: FOOD AND DRINK

A.

1	Fyodor Mikhailovich: Tamara Lvovna! Long time no see!
	Tamara Lvovna: Hello, Fyodor Mikhailovich!
5	What a surprise! Why are you here without your wife? Is Lidiya Egorovna ill?
	Fyodor Mikhailovich: No, she's busy today and we have nothing for dinner, for that
10	reason I have to do the shopping.
	Tamara Lvovna: What are you preparing?
	Fyodor Mikhailovich: I don't know. What do you suggest?
15	Tamara Lvovna: First, let's see what they have. In this kind of grocery store there are a lot of different departments. Let's start with the bread department.
20	Fyodor Mikhailovich: We don't need bread. We have bread.
	Tamara Lvovna: Then let's start in the meat department.
25	Fyodor Mikhailovich: Look at what big ducks! I'm going to buy one.
	Tamara Lvovna: And I'll buy these cutlets.
	Fyodor Mikhailovich: What else?

30	Tamara Lvovna: The vegetables here are not very fresh. It's better to buy them at the markets. Do you need milk, butter or eggs?
	Fyodor Mikhailovich: Yes, probably.
35	Tamara Lvovna: And you still also need something sweet, yes?
	Fyodor Mikhailovich: Ah yes, Is it possible to buy some kind of cake here?
40	Tamara Lvovna: Yes, there they are.
	Fyodor Mikhailovich: I think that's everything. Thank you very much, Tamara Lvovna.
45	Tamara Lvovna: You're welcome. Give my regards to Lidiya Egorovna and bon appetit!

B.

1	Katya: Look how wonderful the weather is today! Let's go on a picnic.
	Borya: What a great idea! We'll spend Saturday in
5	the country.
	Katya: Call Sergey and Tanya and ask them if they want to go with us.
10	Borya: Ok. Do you want them to bring anything?
	Katya: No, we have everything we'll need: cheese, bread, kolbasa and fish, apples, a box of candy and cookies.
15	Borya: Is there wine?
	Katya: Yes, yes. We have a bottle of delicious Georgian wine.
	Borya: Splendid!
	Katya: Tell Sergey and Tanya that we'll meet at the
20	station at ten o'clock. And don't forget to tell them to bring their bathing suits.
	Borya: Don't you think that the water is still too
25	cold?
	Katya: Cold or not, it's already summer and I feel like swimming.

CHAPTER 8: RESTAURANTS AND CAFES

A.

| 1 | Vladimir Vladimirovich: Are these seats free? |
| | Waitress: Yes, they're free. Please, sit down. Here are the menus. |

5	Vladimir Vladimirovich: Well, what shall we order?
	Margarita Iosifovna: What kind of cold hors d'oeuvres do you suggest?
10	Waitress: The liver pâté is prepared well here. We also have a good sturgeon or a vinegret with herring, if you prefer fish dishes.
15	Margarita Iosifovna: I would like the vinegret with herring, please. And you Vladimir Vladimirovich?
20	Vladimir Vladimirovich: Give me the pâté, please. What kind of soups do you have?
	Waitress: Today we have Ukrainian borshch, a very tasty potato soup and kharcho.
25	Margarita Iosifovna: We'll take the potato soup, yes?
	Vladimir Vladimirovich: No, I want the Ukrainian borshch.
	Waitress: Anything else?
30	Margarita Iosifovna: I'll also take the lamb chop with garnish.
	Vladimir Vladimirovich: And for me, the Polish style cod.
35	Waitress: Good. What kind of wine will you drink?
	Margarita Iosifovna: I would drink something dry.
40	Vladimir Vladimirovich: Yes, I agree. Do you have Gurdzhaani? That's my favorite.
	Waitress: We do.
	Margarita Iosifovna: It's white isn't it?
	Waitress: White.
45	Vladimir Vladimirovich: Then bring us a bottle of Gurdzhanni, please.
	Waitress: Right away.

B.

1	Waiter: What do you want? Have you chosen already?
	Pasha: Just a minute, please. Ira, are you ready?
5	Ira: Yes, tea with lemon and ice cream, please.
	Pasha: You don't want to have a sandwich?
	Ira: No, I'm not very hungry.
	Pasha: Fine. Give me a ham sandwich and a
10	bottle of lemonade, please.
	Waiter: We're out of ham sandwiches.
	Pasha: What do you have?

15	Waiter: We still have kolbasa sandwiches or
	pirozhki with rice.
	Pasha: Then bring me three pirozhki with rice.
	Waiter: Is that all?
20	Pasha: Yes. Thank you.

CHAPTER 9: THE APARTMENT

A.

1	Galina Grigorievna: My husband told me that
	you got a new apartment. Is it true?
5	Pyotr Ilich: Yes, my wife and I moved a week ago.
	Galina Grigorievna: Congratulations! Is it far
	from where you work?
	Pyotr Ilich: No, on the contrary, it's quite
10	close. Twenty minutes from downtown.
	And best of all, it's only a five minute walk
	from the subway.
	Galina Grigorievna: How many rooms?
15	Pyotr Ilich: We have three sunny bedrooms, a
	dining room, large kitchen, powder room and
	bathroom.
	Galina Grigorievna: Three bedrooms!
	Pyotr Ilich: Yes, we decided that it's better to find a
20	rather large apartment now, so that we have
	enough room for children.
	Galina Grigorievna: True! Children grow up
25	quickly.
	Pyotr Ilich: And they need a lot of room.
	Galina Grigorievna: What floor is the apartment on?
30	Pyotr Ilich: The second.
	Galina Grigorievna: Wonderful! You don't even need
	an elevator.
	Pyotr Ilich: Yes, we're very satisfied. And did your
35	husband tell you that we've invited you to a
	house warming party on Friday?
	Galina Grigorievna: He told me. Thank you. We'd be
	happy to come.
40	Pyotr Ilich: Then we'll see you on Friday.
	Galina Grigorievna: See you soon!

B.

1 Liza: Help me, I want the bookshelves to be over there, to the left of the door.

5 Lyonya: But then where will you put the desk?

Liza: Over there near the windows.

Lyonya: And this pretty lamp?

Liza: I'll put it across from the door, behind the sofa.

10 Lyonya: And where will the bed be?

Liza: To the right of the windows by the wall.

Lyonya: And these two arm chairs?

Liza: I want to put them over here, closer to the television.

15 Lyonya: And what else?

Liza: On the floor I'll put a thick carpet and on the walls, I'll hang new pictures.

Lyonya: Well, let's get started.

CHAPTER 11: VISITING FRIENDS

A.

1 Lev Nikolaevich: Hello. I'm Lev Nikolaevich and this is my wife Olena Vasilevna.

5 Natalya Fyodorovna: And I'm Natalya Fyodorovna. Hello. Well, come in. Take off your coats.

Lev Nikolaevich: Thank you. Is Sergey Andreevich home?

10 Natalya Fyodorovna: He went out to buy milk. He'll be back soon. Did you find us easily?

Lev Nikolaevich: Not really. We somehow got lost, but I hope we're not late?

15 Natalya Fyodorovna: Oh no. You've arrived right on time. Sit down, please. Would you like some tea?

Olena Vasilevna: Gladly, thank you. It's very cold

20 outside.

Natalya Fyodorovna: I'll go make tea now.

Olena Vasilevna: What a lovely apartment!

25 Lev Nikolaevich: And big!

Natalya Fyodorovna: Thank you. We live here together with my parents. For that reason, it

30 seems that the apartment is rather small. But what can you do?

Olena Vasilevna: Do you have children?

Natalya Fyodorovna: No, not yet. We only just got married a year ago. What about you?

35 Olena Vasilevna: Yes, we have two small sons.

Natalya Fyodorovna: Oh, how nice!

Lev Nikolaevich: Yes, we're very happy.

40 Natalya Fyodorovna: Ah, here comes Sergey!

Lev Nikolaevich: Hello Sergey Andreevich! Allow me
45 to introduce you to my wife. Olena Vasilevna.

Sergey Andreevich: Pleased. And you have, of course, already met my wife, right?

Natalya Fyodorovna: Well of course. We're already
50 drinking tea and talking about children.

Sergey Andreevich: Forgive me for being late.

Lev Nikolaevich: Ah, that's ok.

55 Natalya Fyodorovna: Here, please, have some pie. I baked it myself.

Olena Vasilevna: Ah, how delicious!

B.

1 Slava: Hi!

Lyuba: Ah, Slava, hello. Well come in. Take off your coat.

Slava: Thanks. I'm soaked through and through. It's
5 raining hard.

Lyuba: That's ok. Give your coat over here. I'll hang it up in the closet. It'll dry out there.

Slava: Are Masha and Grisha also coming?

10 Lyuba: No, unfortunately, they called and said they couldn't. Grisha's ill.

Slava: That's too bad. Well, how are you?

Lyuba: Ok. I've been studying a lot.

15 Slava: That's understandable. Me too.

Lyuba: Do you want some tea?

Slava: Yes, thanks. I brought cookies.

20 Lyuba: Oh, great! Let's go in the kitchen.

CHAPTER 12: TRAVEL AND TRANSPORT

A.

1 Ilya Igorevich: Why are you so silent today? What are you day dreaming about?

Lyubov Leonidovna: Summer is approaching and I
want to travel.
5   Ilya Igorevich: Where do you want to go?
Lyubov Leonidovna: Every year my husband
10   and I return to the city where we first met.
Ilya Igorevich: What romantics! Where exactly?
Lyubov Leonidovna: This summer we are once
15   again preparing to go to Paris.
Ilya Igorevich: The majority of us would be happy to
travel to Paris every year.
Lyubov Leonidovna: I know that I have nothing to
20   complain about, but I would like to change
our plans this year.
Ilya Igorevich: There's nothing simpler.
Lyubov Leonidovna: Really?
25   Ilya Igorevich: Yes, you need only explain to your
husband that you want to go to a different
country.
Lyubov Leonidovna: I think you're right.
30   Ilya Igorevich: I wish you success and a wonderful
trip!
Lyubov Leonidovna: Thanks.

B.
1   Foma: What happened? You promised to send me a
post card from Germany and I received
nothing.
5   Zhenya: I don't understand. I bought the post card,
wrote the message, took it to the post office
and mailed it.
Foma: You didn't forget to fill in the house
10   number?
Zhenya: No, of course not.
Foma: Perhaps you didn't translate my address into
German?
Zhenya: No, no. I translated it.
15   Foma: Did you fill out the return address?
Zhenya: Yes, believe me, I did everything that I was
supposed to.
Foma: Hmm. Perhaps they sent it by ship and not by
20   air?
Zhenya: You're laughing at me, aren't you?
Foma: Of course!

Zhenya: Well, I'm glad that you're laughing and are
25   not offended. I really did send you the post
            card!
Foma: I believe you.

CHAPTER 13: MOSCOW

A.
1   Anastasiya Petrovna: Be so kind and tell me,
            how do I get to the Tretyakovsky Gallery?
5   Aleksandr Viktorovich: Are you driving there?
        Anastasiya Petrovna: No, I don't know how to
            drive. I want to go either by bus or subway.
            What's better?
10   Aleksandr Viktorovich: It's faster to go by subway.
            But if you want to see the city, then take
            either a bus or a street car.
        Anastasiya Petrovna: Is the Gallery very far
15   from here?
        Aleksandr Viktorovich: No, in fact, you can even get
            their on foot from here.
        Anastasiya Petrovna: Excellent. How do I do
20   get to the Tretyakovsky by foot?
        Aleksandr Viktorovich: First, go straight in
            that direction along this road. When you get
25   to the Lenin Library, turn to the right and
            there you'll find the Gallery on
            Lavrushinsky Lane.
        Anastasiya Petrovna: Thank you for the information.
30   Aleksandr Viktorovich: You're welcome. Fortunately,
            you're here at just the right time.
        Anastasiya Petrovna: What do you mean?
35   Aleksandr Viktorovich: This Gallery has only just
            opened again. It's been closed for repairs
            for many years already.
        Anastasiya Petrovna: I lucked out!

B.
1   Mila: Have you ever been to Russia?
        Oleg: Yes, I spent six months in Moscow a few years
            ago.
5   Mila: Where did you live there?

Oleg: I lived in the dormitories of Moscow State
       University in the Lenin Hills.
10   Mila: Is it an old university?
       Oleg: Yes, very. That well-known university was
             founded in 1755.
       Mila: And where's the Kremlin situated?
15   Oleg: The Kremlin is located in the center of
             town, on Red Square.
       Mila: What else is located on Red Square?
       Oleg: The Spassky Tower, St. Basil's Cathedral, the
20   Lenin Mausoleum, the Historical Museum and
             GUM--that is, the State Department Store--
             are all located there.
25   Mila: Did you visit the Kremlin?
       Oleg: Well of course! In the Kremlin are found some
30   of the most beautiful cathedrals of the
             capital.
       Mila: I would like to see those cathedrals.
       Oleg: Well, why don't you go there?
       Mila: To tell you the truth, I'm afraid of traveling in
35   those countries, where I don't know their
             language.
       Oleg: That's the most stupid reason. You must
             learn to speak Russian!

CHAPTER 14: ST. PETERSBURG

A.
1   Svyatoslav Kirillovich: I was told that you were
             recently in Russia?
       Marina Mikhailovna: Yes, I went to St. Petersburg in
5   March. I fly there on vacation almost every
             year. I have relatives there.
       Svyatoslav Kirillovich: I envy you. It's been many
10   years since I've been there. Well, what are
             your impressions of Petersburg?
15   Marina Mikhailovna: I have very good impressions of
             that wonderful city. I especially like that
             which is called the "White Nights."
20   Svyatoslav Kirillovich: Ah yes. How great it is to
             stroll along Nevsky Prospect during the
             "White Nights!"
       Marina Mikhailovna: And how can I express the

25	feelings I felt, when I saw the Bronze Horseman for the first time!
30	Svyatoslav Kirillovich: In my opinion, there is not a more beautiful city in the world.
	Marina Mikhailovna: I feel at home there and I always experience the desire to stay there forever.
35	Svyatoslav Kirillovich: I understand completely.
	Marina Mikhailovna: So how come you know the city so well? Are you from there?
40	Svyatoslav Kirillovich: Yes, I must admit that I grew up in Petersburg, but then it was called Leningrad.
	Marina Mikhailovna: What a surprise!
45	Svyatoslav Kirillovich: You didn't know that I have Russian origins?
	Marina Mikhailovna: No, no! I'm joking. I knew. Anna Andreevna revealed a long time ago
50	already that you were born in Russia.
	Svyatoslav Kirillovich: And I thought that perhaps you didn't notice that I speak with a Russian accent.
55	Marina Mikhailovna: Well what of it. To tell you the truth, I really like your accent very much.
	Svyatoslav Kirillovich: Thank you. You're very kind.

B.

1	Nina: Which city do you like better: Moscow or St. Petersburg?
	Grisha: It's impossible to compare St. Petersburg
5	with Moscow. They are such different cities.
	Nina: How is St. Petersburg different from Moscow?
	Grisha: I don't know where to start! First of all
10	Moscow is the capital and it's much bigger than Petersburg. Besides which, Petersburg is made up of several islands.
	Nina: Where are the most inspiring cathedrals?
15	Grisha: Moscow has St. Basils, but in St. Petersburg there are the Kazansky and Isaakievsky Cathedrals.
20	Nina: And the biggest museums?
	Grisha: The Hermitage in St. Petersburg is one of the very biggest museums in the world.

25   Nina: And where are the more interesting sights to
                see?
          Grisha: In Moscow there is the Kremlin,
                Novodevichy, the Lenin Mausoleum, whereas
                in St. Petersburg there's the spit of
30   Vasilevsky Island, The Peter-Paul Fortress
                and the Admiralty.
          Nina: Well, it seems to me that Moscow and
                Petersburg are very similar.
35   Grisha: In many respects they are similar, but
                Petersburg is a much more European city.
                It's difficult to explain. You need to go
                there yourself. Then you'll understand what
40   I'm talking about.

CHAPTER 15: HOW DO YOU GET THERE?

A.

1   Valentina Alekseevna: Tell me, please, when
                will we be at Pushkin Square?
      Andrey Donatovich: You've gotten on the wrong bus.
5   This bus doesn't go to Pushkin Square.
      Valentina Alekseevna: Well, what then do I do?
10   Andrey Donatovich: Get out on the next stop and ask
                someone there.
      Valentina Alekseevna: Thank you.
15   Andrey Donatovich: Don't mention it.

      Valentina Alekseevna: Can you tell me how to
                get to the Bolshoi Theater?
20   Mikhail Afanasievich: You can take either a street
                car or a bus.
      Valentina Alekseevna: How do I get there by bus?
25   Mikhail Afanasievich: Get on bus #11 and ride until
                Tverskaya Street. Then you can go by foot.
                The Bolshoi Theater is located on Theatrical
                Square.
30   Valentina Alekseevna: Where's the bus stop?
      Mikhail Afanasievich: You can catch it right
                here at this stop.
35   Valentina Alekseevna: Thank you.

Valentina Alekseevna: Excuse me, does bus #11 go to
Tverskaya Street?

Osip Stepanovich: Where do you need to go?

Valentina Alekseevna: I need to meet my friends at
40   the Bolshoi Theater.

Osip Stepanovich: No, the #11 doesn't go to the
theater. It's better to get on the #101 bus.
45   It'll take you there.

Valentina Alekseevna: And where's the nearest stop?

Osip Stepanovich: Cross the street and there you'll
50   catch it. Here it comes towards the stop. Run,
or it'll leave without you.

Valentina Alekseevna: Thank you very much.

B.
1   CAREFUL, THE DOORS ARE CLOSING!

Varya: Kolya, get away from the doors!

Kolya: Which is our stop?
5   Varya: We should get out on the Arbat.

Kolya: I have a subway map. Show me how we're
        getting there.
10   Varya: Give it here. Look, we're here on the Circle
Line. We need to transfer over here to the
Kievskaya Line, and then travel straight on
to the Arbat without transfers.
15   Kolya: Is there another way to go?

Varya: Yes, of course, but this way is quicker.

CHAPTER 16: SHOPPING

A.
1   Ekaterina Kazimirovna: I've just moved into this
neighborhood. Where can I buy clothes here.
5   Vitaly Grigorievich: The department store is very
close. I'm not very busy right now. If you'd
like, I'll take you there.
10   Ekaterina Kazimirovna: You are very kind.

Ekaterina Kazimirovna: Please tell me where
the womens' clothing department is located.

First Saleswoman: What is it that you need? Dresses?
15   Blouses? Sweaters? Socks? We have many
different departments.

Ekaterina Kazimirovna: I'd like to start with the
      skirts.
20 First Saleswoman: Skirts and blouses are found on
      the third floor. We have an elevator. It's over
      there.
Ekaterina Kazimirovna: Thank you. Come with me,
25   Vitaly Grigorievich. I will need your advice.

Ekaterina Kazimirovna: Do you have black skirts?
Second Saleswoman: What kind of black skirts? Silk?
30   Wool? Cotton? A skirt made from what?
Ekaterina Kazimirovna: Well, show me the silk one,
35   please.
Second Saleswoman: What's your size?
Ekaterina Kazimirovna: I don't know.
40 Second Saleswoman: Here, Try this one. It's probably
      your size.
Ekaterina Kazimirovna: Where's the dressing room?
45 Second Saleswoman: Over there. across this corridor.
Ekaterina Kazimirovna: (after several minutes) It's
50   too big and long for me. Besides that, I don't
      like the color.
Second Saleswoman: But you wanted a black skirt!
Ekaterina Kazimirovna: Well yes, but I've changed
55   my mind. I need something brighter. Do you
      have any red skirts?
Second Saleswoman: No, we don't. We're all sold out.
60 Vitaly Grigorievich: I think, dear Ekaterina
      Kazimirovna, that this skirt suits you very
      well.
Ekaterina Kazimirovna: Really? It's not too wide?
65   Perhaps I've erred. How much is it?
Second Saleswoman: It's not very inexpensive:
      seventy-five dollars.
70 Ekaterina Kazimirovna: Yes, it's rather expensive,
      but I'll take it. Do you accept credit cards?
75 Second Saleswoman: Of course. Thank you. Pay at the
      cashier's counter.

B.
1 Rita: Know what? Tomorrow is Klavdia's birthday. I
      need to buy her a gift. What do you suggest?
5 Vova: How old is she?

Rita: She's thirty-one.

Vova: I'd buy her a book or record or box of candy.

10 Rita: No, those aren't very suitable gifts for a good
friend. I want to give her a more intimate
gift.

Vova: For example?

Rita: I don't know. Perhaps something silver --
15 earrings or a bracelet.

Vova: She often wears gold jewelry. It would be
better to buy her gold than silver.

20 Rita: You're right. Is there a jewelry store near by?

Vova: Yes, there's a big jewelry store near the
25 kindergarden in Washington Square.

Rita: We're outta here!

CHAPTER 17: SEASONS AND WEATHER

A.

1 Olga Semyonovna: So you've been living here in the
south for five years already. Have you gotten
used to our fine weather?

5 Arkady Anatolievich: Not yet. For forty years I lived
in the north and every winter I still expect
snow and frost, but it never happens.

10 Olga Semyonovna: What do you mean? Don't you like
good weather?

Arkady Anatolievich: I like it, but when the sun
shines year-round, it's difficult to work.
15 Here in the summer, spring, fall and winter
the sun always shines.

Olga Semyonovna: No, that's not true. We sometimes
have strong rain, wind and fog.

20 Arkady Anatolievich: Yes, but very seldom. And
when it's humid, it's difficult for me to
breathe and I always feel like going to sleep.

Olga Semyonovna: It's the opposite for me. When it's
25 hot and humid, that's when I want to be
outside. And when it's raining, that's when I
become lazy.

Arkady Anatolievich: What's our weather like
30 today? I haven't been outside yet.

Olga Semyonovna: Today it's rather overcast and
cool.

328

Arkady Anatolievich: Finally! I'm fed up with that
35   damned sun. Why are you smiling?

Olga Semyonovna: It's difficult for me to believe that
40   there really exists a man who hates the sun.
Don't get angry, but you earn good money,
why don't you go north in the winter?

45 Arkady Anatolievich: Now you're laughing at me.

Olga Semyonovna: No, in fact, if you want to escape
the good warm weather, you need to go north.
50   Where are you planning on spending your
vacation this year?

Arkady Anatolievich: My family and I are going to
California in July.

55 Olga Semyonovna: In the future go east! There you'll
become unaccustomed to the sun.

Arkady Anatolievich: Despite the fact that the sun
shines all the time here, I very much like
60   living in the south.

B.

1 Yuliya: What a shame that the weather is so bad and
cold today! I have the day off and I was
planning on going to the cottage.

5 Vasya: It's snowing hard and it will be difficult for
you to drive in the country in this kind of
weather.

Yuliya: I know. I'm fed up already with this snow. It
10   snows every day here.

Vasya: Well yes, but we live in the north. Here in the
winter we often get a lot of snow, but in the
summers the weather is warm and pleasant.
15   The sun shines. And in the autumn we have
those wonderful leaves.

Yuliya: Yes, I love the different seasons, but winter
lasts so long.

20 Vasya: You must be more patient. Wait a bit and
maybe the weather will clear up in an hour.

Yuliya: What time is it?

25 Vasya: It's already eight o'clock. Time for breakfast.

CHAPTER 18: VISITING THE DOCTOR

A.

1   Iosif Abramovich: I'm ill.
        Sofiya Konstantinovna: What hurts?
        Iosif Abramovich: I have pain in my chest
5   and it's difficult for me to breathe.
        Sofiya Konstantinovna: Is the pain sharp or dull?
        Iosif Abramovich: Sharp and constant.
10   Sofiya Konstantinovna: Have you felt this way long?
        Iosif Abramovich: It all started four days ago.
15   Sofiya Konstantinovna: Open your mouth. I'll take
            your temperature. What kind of medications
            are you taking?
        Iosif Abramovich: None.
20   Sofiya Konstantinovna: Undress to your waist
            and take a deep breath. Do you smoke?
        Iosif Abramovich: Yes.
        Sofiya Konstantinovna: You must stop smoking.
25   Iosif Abramovich: I know.
        Sofiya Konstantinovna: Now cough, please.
        Iosif Abramovich: Well, is it serious?
30   Sofiya Konstantinovna: I have to take an x-ray, but it
            seems that you have pneumonia.
        Iosif Abramovich: What should I do?
        Sofiya Konstantinovna: Don't worry. You'll be better
35   soon. You need to lie in bed and rest. I'll
            prescribe you some antibiotics. Take two
            tablets three times a day after meals.
40   Iosif Abramovich: When can I get out of bed?
        Sofiya Konstantinovna: Maybe in ten days.
        Iosif Abramovich: Thank you.
45   Sofiya Konstantinovna: Get well!

B.

1   Rimma: It's already ten o'clock. Did you just
            wake up? Why haven't you shaved?
        Misha: Don't yell. I'm sick. I'm nauseous and my
5   head is spinning.
        Rimma: Take a shower and you'll feel better.
        Misha: No, I don't have the strength. I'm awfully
            tired.

10   Rimma: Well ok, but you need to wash, brush your
                teeth and get dressed, then we'll go to the
                doctor.
        Misha: Ok. I'll try.

CHAPTER 19: OPERA, BALLET AND CONCERTS

A.
1   Gennady Timofeevich: On Friday my parents
                are arriving from France for a visit.
5   Lidiya Matveevna: How long will they be here?
        Gennady Timofeevich: They're coming for five weeks.
                What am I to do with them for a whole month,
10   so that they're not bored?
        Lidiya Matveevna: Do they like to go to the theater?
        Gennady Timofeevich: Yes, my father loves the opera
                and my mother is keen on the ballet, but I
15   have no understanding of classical music
                and dance.
        Lidiya Matveevna: Don't worry. I'll help you. I
20   often attend the theater.
        Gennady Timofeevich: Can you recommend an opera
                and ballet?
        Lidiya Matveevna: Yes. Not only do I know good
                Russian operas and ballets, but I am also
25   able to get a hold of tickets for the very best
                performances. I have friends in the box
                offices.
30   Gennady Timofeevich: Let's start with the opera.
                What opera do you recommend?
        Lidiya Matveevna: Last year I went to see
35   Mussorgsky's "Boris Godunov." It's worth
                seeing.
        Gennady Timofeevich: What kind of an opera
                is it?
        Lidiya Matveevna: This opera was based on the play
40   by Pushkin. It's a historical play that tells
                the story of the Russian tsar, who lived in
                the sixteenth century.
        Gennady Timofeevich: Excellent! My father adores
                historical dramas and as far as I recall, my
45   father has never seen this opera in the
                theater. And ballet?

331

Lidiya Matveevna: There are some things worth
50   seeing in our city. My absolute favorite
            ballet is Chaikovsky's "Swan Lake."
Gennady Timofeevich: Although my mother has
55   probably already seen it more than once, I'm
            sure that she'd gladly go see it again.
Lidiya Matveevna: There's no need. In that case, you
60   can go see "Giselle." I don't know who'll
            dance the lead, but it's a very beautiful
            ballet.
Gennady Timofeevich: Is it difficult to get tickets?
65   Lidiya Matveevna: No. I can get you tickets if you
            want.
Gennady Timofeevich: Please!

B.
1   Alyosha: Let's go to a concert.
       Shura: What concert? Where?
       Alyosha: There's a concert of Glinka, Borodin and
5   Rimsky-Korsakov in the Chaikovsky Concert
            Hall.
       Shura: In general I don't particularly like the
            music of the twentieth century.
       Alyosha: What do you mean!? They are all famous
10   composers of the nineteenth century!
       Shura: Have you heard anything about this concert?
       Alyosha: Yes. Mazur is conducting wonderfully and
15   the orchestra is excellently performing
            scenes from famous operas.
       Shura: Ah, then we absolutely must go. But the
            tickets are always sold out.
20   Alyosha: I know, but if we go earlier, we can get
            spare tickets.
       Shura: When does the concert start?
25   Alyosha: At eight o'clock. Well, shall we?
       Shura: Let's go!

APPENDIX II

ANSWERS TO EXERCISES

CHAPTER 1: GETTING ACQUAINTED

A.

1. f	6. m	11. f
2. m	7. f	12. m
3. m	8. n	13. m
4. f	9. n	14. n
5. n	10. f	15. f

B.

1. soft	6. soft	11. hard
2. hard	7. soft	12. hard
3. hard	8. soft	13. soft
4. hard	9. hard	14. hard
5. soft	10. hard	15. soft

C.

1. hard	8. hard
2. hard	9. hard
3. hard	10. hard
4. soft	11. hard
5. soft	12. soft
6. hard	13. soft
7. hard	14. soft

D.

1. она́	6. оно́	11. он
2. он	7. он	12. оно́
3. она́	8. он	13. оно́
4. она́	9. оно́	14. она́
5. он	10. она́	15. она́

CHAPTER 2: FAMILY AND NATIONALITIES

A.

1. ми́лую сестру́	6. горя́чий чай

333

2. вку́сный хлеб   7. ску́чную те́му
3. интере́сное чте́ние 8. молодо́го а́втора
4. но́вого учи́теля   9. дли́нное у́тро
5. удо́бную ку́хню   10. холо́дную ночь

B.

1. моё   8. твой
2. твоя́   9. её
3. их   10. на́ша
4. его́   11. мой
5. на́ше   12. ва́ша
6. ва́ше   13. твоё
7. моя́   14. их

C.

1. чита́ю, чита́ешь, чита́ете
2. покупа́ю, покупа́ешь, покупа́ете
3. игра́ю, игра́ешь, игра́ете
4. рабо́таю, рабо́таешь, рабо́таете
5. открыва́ю, открыва́ешь, открыва́ете
6. де́лаю, де́лаешь, де́лаете

1. зна́ет, зна́ем, зна́ют
2. отдыха́ет, отдыха́ем, отдыха́ют
3. понима́ет, понима́ем, понима́ют
4. спра́шивает, спра́шиваем, спра́шивают
5. помога́ет, помога́ем, помога́ют
6. изуча́ет, изуча́ем, изуча́ют

D.

1. говорю́, говори́шь, говори́те
2. ве́рю, ве́ришь, ве́рите
3. объясню́, объясни́шь, объясни́те
4. постро́ю, постро́ишь, постро́ите
5. благодарю́, благодари́шь, благодари́те
6. извиню́, извини́шь, извини́те

1. пали́т, пали́м, паля́т
2. ва́рит, ва́рим, ва́рят
3. исчи́слит, исчи́слим, исчи́слят
4. зада́рит, зада́рим, зада́рят
5. стро́ит, стро́им, стро́ят
6. повтори́т, повтори́м, повторя́т

CHAPTER 3: TELEPHONE CONVERSATIONS

A.
1. моего́ до́ма
2. ма́ленькой шко́лы
3. интере́сной кни́ги
4. си́него о́блака
5. удо́бной ме́бели
6. большо́го музе́я
7. ста́ршего сы́на
8. плохо́го студе́нта
9. сле́дующего ме́сяца
10. краси́вого зда́ния

B.
1. чей; на́шего дру́га
2. чьё; его́ учи́теля
3. чья́; краси́вой жены́
4. чьё; шко́льника
5. чей; мое́й сестры́

C.
1. они́ бу́дут говори́ть
2. я бу́ду зна́ть
3. мы бу́дем спа́ть
4. ты бу́дешь жи́ть
5. вы бу́дете ви́деть
6. он бу́дет слу́шать
7. мы бу́дем чита́ть
8. я бу́ду спра́шивать
9. они́ бу́дут иска́ть
10. она́ бу́дет писа́ть

D.
1. он спа́л
2. она́ говори́ла
3. они́ могли́
4. оно́ иска́ло
5. они́ доста́ли
6. он написа́л
7. она́ была́
8. оно́ хоте́ло

CHAPTER 4: SPORTS AND MUSIC

A.
1. вчера́шней газе́те
2. большо́м автомоби́ле
3. деревя́нном столе́
4. изве́стной галлере́е
5. но́вом изве́стии
6. мла́дшем бра́те
7. после́днем ваго́не
8. се́верном вокза́ле
9. вели́кой войне́
10. сле́дующем упражне́нии

B.
1. в шко́ле
2. в теа́тре
3. в библиоте́ке
4. в магази́не
5. на бале́те
6. на фа́брике
7. на восто́ке
8. в Москве́
9. в Ло́ндоне
10. в зда́нии
11. на Украи́не
12. в кабине́те
13. на ку́хне
14. на по́чте
15. в до́ме
16. на у́лице
17. на заня́тии
18. в университе́те

C.
1. ката́юсь, ката́ешься, ката́ется
2. женю́сь, жени́шься, жени́тся
3. возвраща́юсь, возвраща́ешься, возвраща́ется
4. смею́сь, смеёшься, смеётся
5. купа́юсь, купа́ешься, купа́ется
6. бою́сь, бои́шься, бои́тся

1. улыба́лся, улыба́лась
2. относи́лся, относи́лась
3. обижа́лся, обижа́лась
4. влюби́лся, влюби́лась

D.
nom: наш и́скренний де́душка
acc: на́шего и́скреннего де́душку
gen: на́шего и́скреннего де́душки

prep: на́шем и́скреннем де́душке

nom: тво́й бога́тый дя́дя
acc: твоего́ бога́того дя́дю
gen: твоего́ бога́того дя́ди
prep: твоём бога́том дя́де

CHAPTER 5: ASKING FOR HELP

A.
1. сего́дняшней газе́те
2. гря́зному сту́лу
3. сове́тской кни́ге
4. коро́ткому письму́
5. тру́дному зада́нию
6. мла́дшему бра́ту
7. высо́кой ба́шне
8. незнако́мому го́стю
9. ма́ленькому музе́ю
10. бы́строму по́езду

B.
1. зави́дуешь, зави́дуют
2. интересу́ешься, интересу́ются
3. целу́ешь, целу́ют
4. жа́луешь, жа́луют
5. путеше́ствуешь, путеше́ствуют

1. любова́лись
2. арестова́ли
3. интересова́лись
4. фотографи́ровали

C.
1. расска́жешь, расска́жут, рассказа́л
2. признаёшься, признаю́тся, признава́лся
3. отда́шь, отдаду́т, отда́л
4. дока́жешь, дока́жут, доказа́л
5. разда́шь, раздаду́т, разда́л

D.
1. Анто́ну	6. Ве́ре	11. моему́ бра́ту
2. ей	7. тебе́	12. Ю́рию

3. им	8. ему́	13. ва́ше сестре́
4. нам	9. Ива́ну	14. Све́те
5. Ли́дии	10. мне	15. Андре́ю

CHAPTER 6: SCHOOL AND PROFESSIONS

A.
1. ле́тней шко́лой
2. о́стрым сы́ром
3. ну́жной опера́цией
4. краси́вым лицо́м
5. бе́лым до́мом
6. безопа́сной соба́кой
7. дли́нным безмо́лвием
8. ужа́сной ава́рией
9. уста́лым аспира́нтом
10. чёрным перо́м

B.
1. должна́	7. должны́
2. должны́	8. до́лжен/должна́
3. до́лжен	9. до́лжен
4. должна́	10. должна́
5. должны́	11. до́лжен
6. до́лжен/	12. должны́
должна́	

C.
1. imperfective; repeated action.
2. perfective; one-time, completed action.
3. imperfective; general statement.
4. perfective; one-time, completed action.
5. imperfective; repeated action.
6. imperfective; general statement.
7. perfective; completed action.
8. imperfective; repeated action.
9. imperfective; action in progress.
10. imperfective; general statement.

D.
1. спо́ртом
2. нас, кита́йскому языку́
3. астроно́мию

4. его́
5. ру́сский язы́к
6. сы́на
7. матема́тике
8. Моско́вском университе́те
9. уро́к
10. э́ту пробле́му

CHAPTER 7: FOOD AND DRINK

A.
1. больши́е ко́мнаты
2. удо́бные кре́сла
3. у́тренние собра́ния
4. интере́сные кни́ги
5. но́вые слова́
6. ску́чные исто́рии
7. гря́зные ма́льчики
8. жёлтые поезда́
9. краси́вые пло́щади
10. молоды́е жёны
11. коро́ткие пи́сьма
12. высо́кие зда́ния
13. хоро́шие учителя́
14. ру́сские цари́

B.
1. у́мные бра́тья
2. хоро́шие друзья́
3. плохи́е сыновья́
4. ве́рные мужья́
5. интере́сные лю́ди
6. твёрдые сту́лья
7. зелёные ли́стья
8. ста́рые дере́вья
9. кра́сные пе́рья
10. ма́ленькие де́ти

C.
1. здоро́в, здоро́ва
2. уста́л, уста́ла
3. свобо́ден, свобо́дна
4. согла́сен, согла́сна
5. интере́сен, интере́сна
6. краси́в, краси́ва
7. счастли́в, счастли́ва

D.
1. слу́шай!
2. дава́й!
3. смотри́!
4. купи́!
5. закро́й!
6. рабо́тай!
7. спроси́!
8. по́мни!
9. принеси́!
10. продава́й!
11. спра́шивай!
12. подгото́вь!

CHAPTER 8: RESTAURANTS AND CAFES

A.

1. коро́тких расска́зов
2. све́тлых кварти́р
3. синих море́й
4. Кра́сных площаде́й
5. хоро́ших времён
6. зелёных гор
7. мла́дших сестёр
8. дли́нных собра́ний
9. жа́рких дней
10. больши́х столо́в

B.

    acc/gen/dat/inst/prep
1. кусо́к/куска́/куску́/куско́м/куске́
2. потоло́к/потолка́/потолку́/потолко́м/ потолке́
3. весь/всего́/всему́/всем/всём
4. коне́ц/конца́/концу́/концо́м/конце́

C.

1. нака́жешь, нака́жут
2. са́дишь, са́дят
3. уберёшь, уберу́т
4. доберёшься, доберу́тся
5. отка́зываешься, отка́зываются
6. разоберёшься, разоберу́тся
7. собира́ешься, собира́ются

D.

1. купи́л(а)
2. учи́л(а)
3. писа́л(а)
4. занима́лся (занима́лась)
5. танцева́л(а)
6. улыба́лся (улыба́лась)
7. путеше́ствовал(а)
8. весели́лся (весели́лась)

CHAPTER 9: THE APARTMENT

A. dative/instrumental/prepositional
1. холо́дным сала́там/холо́дными сала́тами/холо́дных сала́тах
2. плохи́м иде́ям/плохи́ми иде́ями/плохи́х иде́ях
3. до́брым у́трам/до́брыми у́трами/до́брых у́трах
4. молоды́м ге́ниям/молоды́ми ге́ниями/молоды́х ге́ниях
5. кра́сным ви́нам/кра́сными ви́нами/кра́сных ви́нах
6. больши́м населе́ниям/больши́ми населе́ниями/больши́х населе́ниях
7. ле́тним шко́лам/ле́тними шко́лами/ле́тних шко́лах
8. ску́чным ле́кциям/ску́чными ле́кциями/ску́чных ле́кциях
9. ру́сским царя́м/ру́сскими царя́ми/ру́сских царя́х
10. хоро́шим друзья́м/хоро́шими друзья́ми/хоро́ших друзья́х

B.
1. мы с отцо́м
2. мы с И́рой
3. мы с мои́ми учи́телями
4. мы с его́ ма́терью
5. мы с Бори́сом
6. мы с э́тим челове́ком

C.
1. accusative; destination
2. accusative; destination
3. prepositional; location
4. prepositional; location
5. accusative; destination
6. prepositional; location
7. prepositional; location
8. accusative; destination
9. accusative; destination
10. prepositional; location

D.
1. заявля́ет, заявля́ют
2. переста́вит, переста́вят
3. отло́жит, отло́жат

4. вы́ставит, вы́ставят
5. предло́жит, предло́жат
6. сло́жится, сло́жатся

CHAPTER 10: REVIEW CHAPTER

A.

1. э́ти у́мные студе́нтки
2. все кни́ги
3. их ста́рые отцы́
4. её уважа́емые писа́тели
5. его́ больши́е геро́и
6. ва́ши краси́вые жёны
7. твои́ ую́тные дома́
8. вку́сные бе́лые ви́на
9. мои́ стра́нные профессора́
10. каки́е си́льные дожди́

B.

1. э́тот гро́мкий спор/э́ти гро́мкие спо́ры
2. моего́ мла́дшего бра́та/мои́х мла́дших бра́тьев
3. ва́ше удово́льствие/ва́ши удово́льствия
4. её тала́нтливую мать/её тала́нтливые ма́тери
5. на́шу у́зкую у́лицу/на́ши у́зкие у́лицы
6. их ру́сскую ночь/их ру́сские но́чи
7. ва́шу хоро́шую поэ́зию/ва́ши хоро́шие поэ́зии
8. всё кра́сное перо́/все кра́сные пе́рья
9. дли́нную о́чередь/дли́нные о́череди
10. мою́ злу́ю сестру́/мои́х злых сестёр

C.

1. ва́шей но́вой блу́зки/ва́ших но́вых блу́зок
2. той ста́рой ло́шади/тех ста́рых лошаде́й
3. знамени́того худо́жника/знамени́тых худо́жников
4. всего́ костю́ма/всех костю́мов
5. э́того зелёного по́ля/э́тих зелёных поле́й

6. того удóбного крéсла/тех удóбных
   крéсел
7. молодóй жéнщины/молодьíх жéнщин
8. егó неизвéстного ѝмени/егó
   неизвéстных имён
9. какóго тёмного лесá/какѝх тёмных лесóв
10. тогó ширóкого óзера/тех ширóких озёр

D.
1. нáшему длѝнному собрáнию/нáшим
   длѝнным собрáниям
2. вáшему молодóму учѝтелю/вáшим
   молодьíм учителя́м
3. её удóбной квартѝре/её удóбным
   квартѝрам
4. той жáркой нóчи/тем жáрким ночáм
5. твоéй ýтренней газéте/твоѝм ýтренним
   газéтам
6. всемý студéнту/всем студéнтам
7. моемý млáдшему сьíну/моѝм млáдшим
   сыновья́м
8. трýдному предложéнию/трýдным
   предложéниям
9. смешнóму мáльчику/смешньíм мáльчикам
10. весéннему цветкý/весéнним цветкáм

E.
1. тем ширóким полéм/тéми ширóкими
   поля́ми
2. этой сéрой тýчей/этими сéрыми тýчами
3. большѝм дéревом/большѝми деревья́ми
4. её университéтом/её университéтами
5. этим хорóшим магазѝном/этими
   хорóшими магазѝнами
6. моѝм нóвым дрýгом/моѝми нóвыми
   друзья́ми
7. этим нѝзким столóм/этими нѝзкими
   столáми
8. популя́рной астронóмией/популя́рными
   астронóмиями
9. тем небольшѝм гóродом/тéми небольшѝми
   городáми

10. его удо́бным дива́ном/его удо́бными
    дива́нами

F.
1. ва́шей хоро́шей отме́тке/ва́ших хоро́ших
    отме́тках
2. всём гото́вом буфе́те/всех гото́вых
    буфе́тах
3. э́том глубо́ком о́зере/э́тих глубо́ких
    о́зерах
4. на́шем студе́нческом клу́бе/на́ших
    студе́нческих клу́бах
5. их ра́зном разме́ре/их ра́зных разме́рах
6. мое́й люби́мой пе́сне/мои́х люби́мых
    пе́снях
7. твоём несча́стном отце́/твои́х несча́стных
    отца́х
8. моём ва́жном го́сте/мои́х ва́жных гостя́х
9. её ма́ленькой ро́ли/её ма́леньких роля́х
10. э́той после́дней ста́нции/э́тих после́дних
    ста́нциях

G.

1. gen	11. acc/inst
2. acc/prep	12. inst/gen
3. dat	13. prep
4. prep	14. gen
5. gen	15. inst
6. acc	16. dat
7. gen	17. acc/prep
8. gen	18. gen
9. inst	19. gen
10. acc/inst	20. gen

H.

1. меня́	7. тобо́й
2. на́ми	8. нас
3. тебе́	9. его́
4. ва́ми	10. мне/меня́
5. его́	11. вас
6. них	12. её

I.

1. ни о ко́м
2. никого́
3. ниче́м
4. ничего́
5. никому́
6. ничего́
7. ни с ке́м
8. ни о чём
9. никого́
10. ничему́

J.

1. забу́дешь, забу́дут
2. говори́шь, говоря́т
3. сове́туешь, сове́туют
4. хо́чешь, хотя́т
5. пла́ваешь, пла́вают
6. лю́бишь, лю́бят
7. смо́тришь, смо́трят
8. де́лаешь, де́лают

K.

1. смо́жет, смо́г
2. ска́жет, сказа́л
3. найдёт, нашёл
4. бу́дет меша́ть, меша́л
5. бу́дет горди́ться, горди́лся
6. зако́нчит, зако́нчил
7. ста́нет, ста́л
8. бу́дет тре́бовать, тре́бовал

CHAPTER 11: VISITING FRIENDS

A.

1. я иду́, хожу́
2. она́ шла́, ходи́ла
3. они́ е́дут, е́здят
4. мы идём, хо́дим
5. он е́хал, е́здил
6. она́ идёт, хо́дит
7. мы е́хали, е́здили
8. я е́ду, е́зжу
9. ты идёшь, хо́дишь
10. он е́дет, е́здит

B.

1. прихо́дишь, прихо́дят
2. вы́йдешь, вы́йдут
3. пере́едешь, пере́едут
4. уе́дешь, уе́дут
5. зайдёшь, зайду́т

6. отнесёшь, отнесу́т
7. схо́дишь, схо́дят

C.
1. Вот идёт сам профе́ссор!
2. Купи́ себе́ но́вое пальто́.
3. Он принёс с собо́й кни́гу.
4. Моя́ мать сказа́ла мне э́то сама́.
5. Я сама́ не зна́ю, что хочу́.
6. Она́ всё де́лает сама́.
7. Они́ са́ми не написа́ли письмо́.

D.
1. Мы не зна́ли друг о дру́ге.
2. Они́ лю́бят друг дру́га.
3. Мы обы́чно не говори́м друг о дру́ге.
4. Они́ посыла́ют друг дру́гу кни́ги?
5. Мы ча́сто говори́м друг с дру́гом.

CHAPTER 12: TRAVEL AND TRANSPORT

A.
1. он лети́т, лета́ет
2. я бегу́, бе́гаю
3. он лете́ли, лета́ли
4. они́ бежа́ли, бе́гали
5. вы лети́те, лета́ете
6. я лечу́, лета́ю

B.
1. никака́я
2. никуда́
3. никогда́
4. никако́й
5. никаки́е
6. нигде́

C.
1. свое́й
2. своего́
3. свои́м
4. свое́й
5. свои́м
6. своём
7. своему́
8. свою́/свое́й
9. своего́
10. своём/свои́
11. свое́й
12. свое́й

D.
1. запо́мнишь, запо́мнят
2. исключи́шь, исключа́т
3. перепи́шешь, перепи́шут
4. отме́нишь, отме́нят
5. напо́мнишь, напо́мнят

6. подпи́шешь, подпи́шут

CHAPTER 13: MOSCOW

A.
1. он нёс, носи́л
2. я веду́, вожу́
3. они́ везли́, вози́ли
4. она́ несла́, носи́ла
5. мы везём, во́зим
6. неси́(те)!, носи́(те)
7. ты ведёшь, во́дишь
8. я несу́, ношу́

B.
1. отку́да-то
2. кто́-то
3. ка́к-нибудь
4. како́й-нибудь
5. где́-то
6. кто́-нибудь
7. куда́-нибудь
8. че́й-то
9. почему́-то
10. когда́-нибудь

C.
1. закро́ет, закро́ете
2. впадёт, впадёте
3. да́рит, да́рите
4. пропадёт, пропадёте
5. скро́ет, скро́ете
6. смо́трит, смо́трите

D.
1. сильне́е
2. жа́рче
3. коро́че
4. красиве́е
5. нове́е
6. про́ще
7. лу́чше
8. здорове́е
9. бо́льше
10. ху́же

CHAPTER 14: ST. PETERSBURG

A.
1. отойти́/отходи́ть
2. дое́хать/доезжа́ть
3. объе́хать/объезжа́ть
4. перейти́/переходи́ть

5. зайти́/зходи́ть, зае́хать/заезжа́ть
6. дойти́/доходи́ть
7. прое́хать, проезжа́ть
8. подойти́/подходи́ть
9. въе́хать/въезжа́ть
10. уйти́/уходи́ть, вы́йти/выходи́ть

B.
1. чем скоре́е, тем лу́чше
2. помла́дше
3. гора́здо вы́ше
4. как мо́жно деше́вле
5. погро́мче
6. гора́здо бога́че
7. поти́ше
8. как мо́жно про́ще
9. чем ра́ньше, тем лу́чше
10. ещё глу́бже

C.
1. вста́нет, вста́нете
2. зарази́т, зарази́те
3. узнаёт, узнаёте
4. сочу́вствует, сочу́вствуете
5. отшу́тится, отшу́титесь
6. стои́т, сто́йте
7. ска́жет, ска́жете
8. предчу́вствует, предчу́вствуете

D.
1. что он не понима́ет учи́теля.
2. что Бори́с хо́чет игра́ть в футбо́л.
3. что он нашёл де́ньги на у́лице.
4. что мы должны́ встре́титься в семь часо́в.
5. что он напи́шет письмо́ отцу́.

CHAPTER 15: HOW DO YOU GET THERE?

A.
1. доходи́ть до
2. обходи́ть вокру́г
3. переходи́ть че́рез
4. заходи́ть за
6. проходи́ть сквозь
7. выходи́ть из
8. уходи́ть из
9. входи́ть в

5. подходи́ть к   10. сходи́ть с

B.
1. до   he drives up to
2. от   he flies away from
3. вокру́г   to walk around
4. от   he walked away from
5. за   I stop in for/walk behind
6. к   you approach, come towards
7. от/из/с   they run out of
   в/на/к   they run out to
8. че́рез   they transport across
9. с   to get/drive off from
   на   to get/drive off on
   к   to get/drive off to
   за   to get/drive off for
10. из/с/от   to fly away from
    в/на/к   to fly away to

C.
1. шестьдеся́т пя́тый
2. три́ста два́дцать пя́тый
3. сто со́рок тре́тий
4. сороково́й
5. се́мьдесят пе́рвый
6. во́семьдесят девя́тый
7. три́дцать шесто́й
8. шестьсо́т шестьдеся́т шесто́й
9. девяно́стый
10. пятьдеся́т второ́й

D.
1. тре́тий   11. тре́тья
2. тре́тье   12. тре́тьей
3. тре́тьего   13. тре́тьем
4. тре́тье   14. тре́тьему
5. тре́тью   15. тре́тьим
6. тре́тьей   16. тре́тьего
7. тре́тий   17. тре́тьего
8. тре́тья   18. тре́тьим
9. тре́тье   19. тре́тьей
10. тре́тьего   20. тре́тью

CHAPTER 16: SHOPPING

A.
1. ей со́рок пять лет
2. тебе́ двена́дцать лет
3. мне три́дцать оди́н год
4. вам шестьдеся́т два го́да
5. им два́дцать четы́ре го́да
6. мое́й ма́тери пятьдеся́т три го́да
7. на́шему сы́ну во́семь лет
8. моему́ отцу́ се́мьдесят шесть лет
9. его́ сестре́ во́семьдесят де́вять лет
10. ва́шему дру́гу три́дцать семь лет

B.
1. де́вять неде́ль
2. два́дцать пять рубле́й
3. оди́н день
4. шестьдеся́т две мину́ты
5. со́рок четы́ре рубля́
6. две́сти пятьдеся́т шесть ме́сяцев
7. три́дцать лет
8. девяно́сто де́вять копе́ек
9. три ме́сяца
10. сто со́рок одна́ копе́йка
11. во́семьдесят три го́да
12. де́сять часо́в

C.
1. маши́на си́него цве́та
2. ша́пка кра́сного цве́та
3. каранда́ш чёрного цве́та
4. носки́ голубо́го цве́та
5. га́лстук жёлтого цве́та
6. ю́бка фиоле́тового цве́та
7. чулки́ се́рого цве́та
8. пуло́вер си́него цве́та
9. дом бе́лого цве́та
10. пальто́ чёрного цве́та
11. зо́нтик ора́нжевого цве́та
12. пла́тье ро́зового цве́та
13. шарф зелёного цве́та
14. су́мка кори́чневого цве́та

15. руба́шка бе́лого цве́та
16. сви́тер кра́сного цве́та

D.
1. ви́дишь, ви́дят
2. вду́маешься, вду́маются
3. иссле́дуешься, иссле́дуются
4. запла́тишь, запла́тят
5. поду́маешь, поду́мают
6. молоди́шь, молодя́т
7. после́дуешь, после́дуют
8. заду́маешь, заду́мают
9. ненадви́дишь, ненадви́дят
10. це́луешь, це́луют

CHAPTER 17: SEASONS AND WEATHER

A.
1. в э́тот понеде́льник
2. в бу́дущем ме́сяце
3. в феврале́
4. три дня наза́д
5. в про́шлый вто́рник
6. в про́шлом году́
7. в сентябре́
8. на бу́дущей неде́ле
9. ка́ждый ме́сяц
10. на год

B.
1. в ты́сяча девятьсо́т шестьдеся́т тре́тьем году́
2. двадца́того ма́я
3. четы́рнадцатое февраля́
4. в две ты́сячи пе́рвом году́
5. девятна́дцатое ию́ля
6. два́дцать второ́го января́
7. в ты́сяча девятьсо́т во́семьдесят пе́рвом году́
8. два́дцать пя́того декабря́
9. в пя́тницу трина́дцатого
10. в ты́сяча девятьсо́т девяно́сто тре́тьем году́

C.

1. полови́на шесто́го
2. два часа́
3. оди́ннадцать мину́т второ́го
4. два́дцать мину́т восьмо́го
5. де́сять мину́т седьмо́го
6. два́дцать пять мину́т четвёртого
7. без че́тверти пять
8. во́семь часо́в

D.

1. уста́нешь, уста́нут
2. пережи́вёшь, переживу́т
3. сбыва́ется, сбыва́ются
4. побыва́ет, побыва́ют
5. прораба́тываешь, прораба́тывают
6. дове́ришь, дове́рят
7. рассе́рдишься, рассе́рдятся
8. отста́нешь, отста́нут

CHAPTER 18: VISITING THE DOCTOR

A.

1. ко́нчившись
2. узнава́я
3. возвраща́ясь
4. прописа́в
5. отвеча́я
6. придя́
7. собира́вшись
8. зна́я
9. сказа́в
10. принося́

B.

1. Игра́я на гита́ре, он пел.
2. Си́дя в кре́сле, Ива́н чита́ет кни́гу.
3. Прочита́в кни́гу, она́ принесла́ её в библиоте́ку.
4. Верну́вшись домо́й, О́льга легла́ спать.
5. Посла́в письмо́, я пошла́ на рабо́ту.
6. Чита́я письмо́, Са́ша улыба́ется.
7. Не ду́мая, он говори́л глу́пости.
8. Смея́сь, Андре́й чита́ет да́льше.

C.

1. Thinking about school,

2. Talking with his brother,
3. Carrying books in her arms,
4. Having arrived in Moscow,
5. Having mailed my sister a letter,
6. Not having received an answer,
7. Walking along the road,
8. Getting dressed,
9. Playing soccer,
10. Having said that she was bored,

D.
1. закричи́шь, закрича́т
2. поло́жишься, поло́жатся
3. справля́ешься, справля́ются
4. отстаёшь, отстаю́т
5. закро́ешь, закро́ют
6. наде́нешь, наде́нут
7. окружи́шь, окружа́т
8. исправля́ешь, исправля́ют
9. скро́ешь, скро́ют
10. стара́ешься, стара́ются

CHAPTER 19: OPERA, BALLET AND CONCERTS

A.
1. present passive
2. past passive
3. present active
4. past passive
5. present passive
6. past active
7. present active
8. present passive
9. past active
10. past passive

B.
1. which reads
2. which was seen
3. which said
4. which brought
5. who occupies
6. which was taken
7. which was decided
8. who lived
9. who works
10. who was

C.
1. утомлён
2. ку́плена
3. бро́шено
4. освобождена́

5. встре́чен
6. разбу́жено
7. изу́чена
8. взя́то
9. прочи́тан
10. и́збрана

D.
1. проигра́ешь, проигра́ют
2. послу́шаешься, послу́шаются
3. присмо́тришься, присмо́трятся
4. захо́чешься, захотя́тся
5. заигра́ешься, заигра́ются
6. осозна́ешь, осозна́ют
7. наду́мываешь, наду́мывают
8. расслы́шишь, расслы́шат
9. дозна́ешься, дозна́ются
10. вы́играешь, вы́играют

CHAPTER 20: REVIEW CHAPTER

A.
1. дойти́/доходи́ть до
2. улете́ть/улета́ть от
3. отбежа́ть/отбе́гать от
4. войти́/входи́ть в
5. вы́ехать/выезжа́ть
6. обежа́ть/обе́гать вокру́г
7. довезти́/довози́ть
8. унести́/уноси́ть от
9. уе́хать/уезжа́ть от
10. влете́ть/влета́ть в

B.
1. I will drive across; acc
2. he drives away from; gen
3. he left to go to; dat
4. he transports in; acc
5. we stop in for; acc
6. you will come into; acc
7. he will transport in from; gen
8. he will run towards; dat
9. I walk out of; gen

10. he will carry in to; acc

C.
1. са́мый краси́вый
2. ши́ре
3. умне́е
4. то́лще
5. ху́же
6. ста́рше
7. вы́ше
8. ме́нее интере́сный
9. лу́чше
10. длинне́е

D.
1. тре́тий
2. со́рок пя́тый
3. сто четвёртый
4. двухсо́тый
5. пе́рвый
6. шестна́дцатый
7. пятисо́тый
8. шестьдеся́т пя́тый
9. пятидеся́тый
10. два́дцать седьмо́й

E.
1. пять дней
2. две неде́ли
3. три́дцать три до́ллара
4. семь лет
5. два́дцать два рубля́
6. пятна́дцать лет
7. се́мьдесят во́семь рубле́й
8. шесть ме́сяцев
9. оди́н день
10. девяно́сто во́семь до́лларов

F.
1. шесто́го января́
2. в ты́сяча девятьсо́т со́рок пя́том году́
3. в бу́дущем сентябре́
4. пя́тница два́дцать четвёртое

5. четырнáдцатое октябрá тьíсяча
   девятсóт шестьдесáт трéтьего гóда
6. тьíсяча девятсóт двáдцать девáтый гóд
7. понедéльник пéрвого áвгуста
8. в тьíсяча девятсóт вóсемьдесят пáтом
   годý
9. в суббóту
10. десáтого мáя тьíсяча девятсóт
    девянóсто трéтьего гóда

G.
1. пятнáдцать минýт трéтьего
2. без двадцатú пятú семь
3. двáдцать минýт десáтого
4. без чéтверти четьíре
5. двáдцать дéвять минýт шестóго
6. половúна восьмóго
7. двáдцать три минýты пéрвого
8. без двадцатú дéвять
9. дéвять часóв

H.
1. having called
2. doing
3. speaking
4. looking
5. listening
6. having found out
7. having been occupied with
8. having bought

I.
1. past active; which wrote
2. present active; who is walking
3. present active; who is reading
4. present passive; which is called
5. past active; who called
6. past active; who arrived
7. present passive; which is loved
8. present active; who studies

APPENDIX III

VERB LIST

The verbs included in this list are taken from both the vocabulary and grammar sections of the chapters. The verbs are all marked as either Type I (I) or Type II (II) conjugation when appropriate. If there are mutations in the stem or irregularities in stress, the first and second singular and third plural form of the verb are given, from which the pattern of conjugation may be discerned. If the verb is highly irregular, it is not classified as either Type I or II, but rather its entire paradigm is given. Next, the verbs are identified as either imperfective (imp) or perfective (perf). Lastly, the numbers of the chapters where the verb appears, either in vocabulary or grammar, are given in the final set of parentheses.

бе́гать to run, go; (I) (imp) (4, 12)
бежа́ть to run, go; (бегу́, бежи́шь, бегу́т) (II) (perf) (12, 15)
беспоко́иться to worry about; (II) (imp) (18, 19)
благодари́ть to thank; (II) (imp) (13)
боле́ть to be a fan of; (coll) (I) (imp) (4); to hurt, ache; (II) (imp) (18)
боя́ться to be afraid; (бою́сь, бои́шься, боя́тся) (II) (imp) (3, 5, 17)
бра́ть to take; (беру́, берёшь, беру́т) (I) (imp) (8, 11)
бри́ться to shave; (бре́юсь, бре́ешься, бре́ются) (I) (imp) (18)
бро́сить to throw; to give up; (бро́шу, бро́сишь, бро́сят) (II) (perf) (18)
быва́ть to happen; (I) (imp) (14, 17, 19)
бы́ть to be; (бу́ду, бу́дешь, бу́дут) pt: (был, была́) (I) (imp) (1, 2, 11, 13, 14, 16)

357

везти́ to carry, transport (by vehicle); (везу́, везёшь,
    везу́т) (I) (perf) (13)
ве́рить to believe; (II) (imp) (12)
верну́ться to return, come back; (верну́сь,
    вернёшься, верну́тся) (I) (perf) (1, 6, 11)
вести́ to take, lead (by hand); (веду́, ведёшь, веду́т)
    (I) (perf) (13)
ве́шать   to hang; (I) (imp) (9)
ви́деть to see; (ви́жу, ви́дишь, ви́дят) (II) (imp) (1,
    6, 19)
висе́ть to hang, be suspended; (вишу́, виси́шь, вися́т)
    (II) (imp) (9)
взять to take; (возьму́, возьмёшь, возьму́т)(I)
    (perf) (8)
води́ть to take, lead (by hand); (вожу́, во́дишь,
    во́дят) (II) (imp) (13)
возвраща́ться to return, come back; (I) (imp) (6, 12)
вози́ть to carry, transport (by vehicle); (вожу́, во́зишь,
    во́зят) (II) (imp) (13)
войти́ to enter into; (войду́, воидёшь, войду́т)(I)
    (perf) (2, 15)
встать to stand, get up; (вста́ну, вста́нешь,
    вста́нут) (I) (perf) (18)
встре́тить to meet; (встре́чу, встре́тишь,
    встре́тят) (II) (perf) (15)
встре́титься to meet, come across; (встре́чусь,
    встре́тишься, встре́тятся) (II) (perf) (7, 12)
входи́ть to enter; (вхожу́, вхо́дишь, вхо́дят) (II)
    (imp) (11)
выбира́ть to select, choose; (I) (imp) (8)
вы́брать to select, choose; (вы́беру, вы́берешь,
    вы́берут) (I) (perf) (8)
выи́грывать to win; (I) (imp) (4)
вы́йти to exit, leave; (вы́йду, вы́йдешь, вы́йдут) (I)
    (perf) (15)
вы́здороветь to get better; (I) (perf) (18)
вы́пить to drink; (вы́пью, вы́пьешь, вы́пьют)(I)
    (perf) (8)
вы́разить to express; (вы́ражу, вы́разишь,
    вы́разят) (II) (perf) (14)
вы́сохнуть to dry out; (I) (perf) (11)
вы́учить to study, learn, memorize; (II) (perf) (6)

выходи́ть to enter; (выхожу́, выхо́дишь, выхо́дят)
        (II) (imp) (2)

говори́ть to speak; (II) (imp) (3, 11, 13)
горди́ться   to be proud; (горжу́сь, горди́шься,
        горди́тся)(II) (imp) (6)
гото́вить to prepare; (II) (imp) (7, 8)
гуля́ть to stroll; (I) (imp) (14)

дава́ть to give; (даю́, даёшь, даю́т) (I) (imp) (5, 9,
        11)
да́ть to give; (да́м, да́шь, да́ст, дади́м, дади́те,
        даду́т) (perf) (3, 5, 19)
де́лать to do; (I) (imp) (4, 5, 11)
дирижи́ровать to conduct; (I) (imp) (19)
довезти́ to carry to; (довезу́, довезёшь, довезу́т)
        (I) (perf) (15)
дое́хать to drive to; (дое́ду, дое́дешь, дое́дут) (I)
        (perf) (13, 15)
дойти́ to walk to; (дойду́, дойдёшь, дойду́т) (I)
        (perf) (13, 15)
доста́ть to obtain; (доста́ну, доста́нешь, доста́нут)
        (I) (perf) (19)
доходи́ть to walk to; (дохожу́, дохо́дишь, дохо́дят)
        (II) (imp) (15)
ду́мать to think; (I) (imp) (5)
дыша́ть to breathe; (дышу́, ды́шишь, ды́шат) (II)
        (imp) (17, 18)

е́здить to drive, go; (е́зжу, е́здишь, е́здят) (II) (imp)
        (11)
е́сть to eat; (е́м, е́шь, е́ст, еди́м, еди́те, едя́т)
        (imp) (8)
е́хать to drive, go; (е́ду, е́дешь, е́дут) (I) (imp) (11)

жа́ловаться to complain; (I) (imp) (12)
жела́ть to wish; (I) (imp) (3, 12)
жени́ться to marry one another; (II) (imp) (2, 11)
жи́ть to live; (живу́, живёшь, живу́т) (I) (imp) (2,
        11, 17)

заблуди́ться to get lost; (заблужу́сь, заблу́дишься,
    заблу́дятся) (II) (perf) (11)
забы́ть to forget; (забу́ду, забу́дешь, забу́дут) (I)
    (perf) (1, 7)
зави́довать to envy; (I) (imp) (5, 14)
зави́сеть от to depend on; (II) (imp) (4)
за́втракать to eat breakfast; (I) (imp) (17)
задава́ть to set, give, ask (a question); (задаю́,
    задаёшь, задаю́т) (imp) (5)
зада́ть to set, give, ask (a question); (зада́м, зада́шь,
    зададу́т) (perf) (5)
зайти́ to stop, step in; (зайду́, зайдёшь, зайду́т) (I)
    (perf) (15)
заказа́ть to order; (закажу́, зака́жешь, зака́жут)
    (I) (perf) (8)
зака́зывать to order; (I) (imp) (8)
зако́нчиться to end, finish; (II) (perf) (6)
закрыва́ться to close; (I) (imp) (15)
заме́тить to notice; (заме́чу, заме́тишь, заме́тят)
    (II) (perf) (14)
занима́ться to study, be occupied; (I) (imp) (1, 4, 5, 6,
    11)
запо́лнить to fill out, fulfill; (II) (perf) (12)
зараба́тывать to earn; (I) (imp) (17)
защища́ть to defend; (I) (imp) (6)
звнони́ть to call; (II) (imp) (3, 7)
зна́ть to know; (I) (imp) (1, 13, 14, 16)
зна́чить to mean; (II) (imp) (2)

игра́ть to play; (I) (imp) (4, 19)
идти́ to walk, go by foot; (иду́, идёшь, иду́т) (I)
    (perf) (11, 13)
избега́ть to avoid; (I) (imp) (3)
избежа́ть to avoid; (избегу́, избежи́шь, избегу́т)
    (I) (perf) (17)
извини́ть to excuse; (II) (perf) (15)
измени́ть to change, alter; (изменю́, изме́нишь,
    изме́нят) (II) (perf) (12)
изменя́ть to change, alter; (I) (imp) (12)
изме́рить to measure; (II) (perf) (18)
изуча́ть to study; (I) (imp) (6)
изучи́ть to study; (II) (perf) (6)
име́ть   to have, possess; (I) (imp) (13)

интересоваться to be interested in; (I) (imp) (6)
искать to search for; (ищу́, и́щешь, и́щут) (I) (imp)
     (3)
испыта́ть to experience, feel; (I) (perf) (14)
испы́тывать to experience, feel; (I) (imp) (14)
исполня́ть to perform; (I) (imp) (4, 19)

каза́ться to seem; (кажу́сь, ка́жешься, ка́жутся)
     (I) (imp) (5, 14)
ката́ться to drive, ride, row; (I) (imp) (4)
класть to put, lay, place; (кладу́, кладёшь, кладу́т)
     (I) (imp) (9)
конча́ться to be finished, ended; (I) (imp) (8)
ко́нчиться to be finished, ended; (II) (perf) (8)
крича́ть to scream; (II) (imp) (18)
кру́жится to spin, go round; (II) (imp) (18)
купи́ть to buy; (куплю́, ку́пишь, ку́пят) (II)
     (perf) (5, 7, 11)
кури́ть to smoke; (II) (imp) (18)

лежа́ть to lie, be situated; (II) (imp) (9)
лета́ть to fly, go; (I) (imp) (12)
лете́ть to fly, go; (лечу́, лети́шь, летя́т) (II) (perf)
     (12)
лечь to lie down, go to bed; (ля́гу, ля́жешь, ля́гут)
     (I) (perf) (17)
ложи́ться to lie down; (ложу́сь, ложи́шься,
     ложа́тся) (II) (imp) (18)
люби́ть to love, like; (люблю́, лю́бишь, лю́бят)
     (II) (imp) (4)

мечта́ть to dream; (I) (imp) (12)
меша́ть to prevent, disturb; (I) (imp) (5)
молча́ть to keep silent; (молчу́, молчи́шь, молча́т)
     (II) (imp) (12)
мо́чь to be able; (могу́, мо́жешь, мо́гут) (I) (imp) (3,
     19)

наде́яться to hope; (наде́юсь, наде́ешься,
     наде́ются) (I) (imp) (11, 16)
называ́ться to be called; (I) (imp) (14)
найти́ to find; (найду́, найдёшь, найду́т) (I) (perf)
     (3, 5, 11)

написа́ть to write; (напишу́, напи́шешь, напи́шут) (I) (perf) (3, 12)

напо́мнить to remind; (II) (perf) (7)

научи́ть to teach; (II) (perf) (6)

научи́ться to study, learn; (II) (perf) (4, 5, 6)

нача́ть to begin; (начну́, начнёшь, начну́т) (I) (perf) (7, 9, 16, 19)

нача́ться to begin, start; (начну́сь, начнёшься, начну́тся) (I) (perf) (18, 19)

начина́ться to begin; (I) (imp) (19)

находи́ться to be found; (нахожу́сь, нахо́дишься, нахо́дятся) (II) (imp) (9)

ненави́деть to hate; (ненави́жу, нанави́дит, нанави́дят) (II) (imp) (17)

нести́ to carry; (несу́, несёшь, несу́т) (I) (perf) (13)

носи́ть to carry, wear; (ношу́, но́сишь, но́сят) (II) (imp) (13, 16)

нра́виться to be to the liking of; (I) (imp) (4, 5)

обеща́ть to promise; (I) (perf) (5, 12)

обижа́ться to take offense; (I) (imp) (12)

обойти́ to walk around; (обойду́, обойдёшь, обойду́т) pt: (обошёл, обошла́) (I) (perf) (15)

объясни́ть to explain; (II) (perf) (12, 14)

оде́ться to get dressed; (оде́нусь, оде́нешься, оде́нутся) (I) (perf) (18)

ожида́ть to expect; (I) (imp) (17)

оказа́ться to prove, turn out to be; (окажу́сь, ока́жешься, ока́жутся) (I) (perf) (14)

оказыва́ться to prove, turn out to be; (I) (imp) (14)

око́нчить to complete; (II) (perf) (6)

опозда́ть to be late; (I) (perf) (11)

осмотре́ть to observe; (II) (perf) (13)

остава́ться to remain, stay; (остаю́сь, остаёшься, остаю́тся) (I) (imp) (6, 14)

оста́ться to remain; (оста́нусь, оста́нешься, оста́нутся) (I) (perf) (6, 14)

отве́тить to answer; (отве́чу, отве́тишь, отве́тят) (II) (perf) (5)

отвеча́ть to reply, respond; (I) (imp) (5)

отвы́кнуть от to grow unused to; (I) (perf) (17)

отдыха́ть to rest, relax; (I) (imp) (6, 18)

открыть to open;(открою, откроешь, откроют) (I)
(perf) (18)
открыться to open;(откроюсь, откроешься,
откроются) (I) (perf) (13,)
отличаться to differ; (I) (imp) (14)
отойти to walk away from;(отойду, отойдёшь,
отойдут) (I) (perf) (15)
ошибиться to make a mistake;(ошибусь, ошибёшься,
ошибутся pt:(ошибся, ошиблась) (I) (perf)
(16)

перевести to translate;(переведу, переведёшь,
переведут) pt:(перевёл, перевела) (I)
(perf) (12)
передать to convey, pass along;(передам,передашь,
передадут) (perf) (3, 7)
передумать to change one's mind; (I) (perf) (16)
переехать to move;(перееду, переедешь,
переедут) (I) (perf) (9, 16)
перейти to cross over;(перейду, перейдёшь,
перейдут) (I) (perf) (15)
пересесть to transfer;(пересяду, пересядешь,
пересядут)(I) (perf) (15)
писать to write;(пишу, пишешь, пишут) (I) (imp)
(6)
пить to drink;(пью, пьёшь, пьют) (I) (imp) (8, 11)
плавать to swim; (I) (imp) (4, 7)
платить to pay;(плачу, платишь, платят)
(II) (imp) (16)
повезти to convey by car; (повезу, повезёшь,
повезут) (I) (perf) (13, 16)
поверить to believe; (II) (perf) (17)
повернуть to turn;(поверну, повернёшь,
повернут) (I) (perf) (13)
повесить to hang up;(повешу, повесишь,
повесят) (II) (perf) (9)
подарить to give, present;(подарю, подаришь,
подарят) (II) (imp) (16)
подготовить to prepare; (II) (perf) (8)
подготовиться to prepare for; (II) (perf) (1)
подождать to wait;(подожду, подождёшь,
подождут) (II) (perf) (17)

подойти́ to approach on foot; (подойду́, подойдёшь, подойду́т) (I) (perf) (15)

подхо́дить to approach on foot; (подхожу́, подхо́дишь, подхо́дят) (II) (imp) (15)

пое́хать to drive, go; (пое́ду, пое́дешь, пое́дут) (I) (perf) (5, 7, 12, 13)

пожива́ть to live; (I) (imp) (1)

поздравля́ть to congratulate; (I) (imp) (9)

познако́миться to get to know; (познако́млюсь, познако́мишься, познако́мятся) (II) (perf) (1, 11)

позвони́ть to call, ring up; (II) (perf) (3, 4, 7, 11)

пойти́ to set off by foot; (пойду́, пойдёшь, пойду́т) (I) (perf) (7, 11, 16, 18, 19)

показа́ть to show; (покажу́, пока́жешь, пока́жут) (I) (perf) (5, 15)

показа́ться to show oneself, appear; (покажу́сь, пока́жешься, пока́жутся) (I) (perf) (14)

пока́зывать to show; (I) (imp) (5)

пока́шлять to cough; (I) (perf) (18)

покупа́ть to buy; (I) (imp) (7)

полете́ть to fly, go; (полечу́, полети́шь, полетя́т) (II) (perf) (13)

положи́ть to place, put; (положу́, поло́жишь, поло́жат) (II) (perf) (9)

получи́ть to receive, get; (получу́, полу́чишь, полу́чат) (II) (perf) (3, 9, 12)

по́льзоваться to use; (I) (imp) (6)

помеша́ть to bother, disturb; (I) (perf) (5)

по́мнить to remember; (II) (imp) (14)

помога́ть to help; (I) (imp) (5, 9)

помо́чь to help; (помогу́, помо́жешь, помо́гут) (I) (perf) (5, 19)

помы́ться to wash oneself; (помо́юсь, помо́ешься, помо́ются) (I) (perf) (18)

понима́ть to understand; (I) (imp) (5, 12, 14, 19)

поня́ть to understand; (пойму́, поймёшь, пойму́т) (I) (perf) (14)

понра́виться to be pleasing, to like; (II) (perf) (5)

пообеща́ть to promise; (I) (perf) (5)

попа́сть to get somewhere; (попаду́, попадёшь, попаду́т) (I) (perf) (13)

поправля́ться to get better; (I) (imp) (18)

попроси́ть to ask; (попрошу́, попро́сишь,
        попро́сят) (I) (perf) (3)
посеща́ть to visit; (I) (imp) (13)
посла́ть to send; (пошлю́, пошлёшь, пошлю́т)
        (I) (perf) (12)
посмотре́ть to see, look, watch; (II) (perf) (7, 13, 19)
посове́товать to suggest, advise; (I) (perf) (5, 16)
поста́вить to set down; (поста́влю, поста́вишь,
        поста́вят)(II) (perf) (9, 11)
постара́ться to try; (I) (perf) (18)
поступи́ть to enter, start; (II) (perf) (2, 6)
потеря́ть to lose; (I) (perf) (3)
почи́стить to clean; (почи́щу, почи́стишь,
        почи́стят) (II) (perf) (18)
почу́вствовать to feel; (I) (perf) (18)
появи́ться to appear to be; (появлю́сь, поя́вишься,
        поя́вятся) (II) (14)
предлага́ть to suggest; (I) (imp) (7)
предложи́ть to suggest; (II) (perf) (7)
предпочита́ть to prefer; (I) (imp) (8)
предста́вить to introduce; (предста́влю,
        предста́вишь, предста́вять) (II) (perf)
        (11)
преподава́ть to teach; (I) (imp) (6)
привезти́ to bring, transport (by vehicle); (I) (perf) (7)
привы́кать к to grow used to; (I) (imp) (17)
пригласи́ть to invite; (приглашу́, пригласи́шь,
        приглася́т)(II) (perf) (9)
пригото́вить to prepare; (II) (perf) (7)
прийти́ to arrive, come; (приду́, придёшь, приду́т)
        pt: (пришёл, пришла́) (I) (perf) (9, 11, 15)
прийти́сь to fall to, have to; (придётся, приду́тся)
        (I) (perf) (7)
призна́ться to admit; (I) (perf) (14)
принести́ to bring, carry, fetch; (принесу́,
        принесёшь, принесу́т) (I) (perf) (8, 11, 12)
принима́ть to take; (I) (imp) (16, 18)
приня́ть to take; (I) (perf) (18)
приступа́ть to arrive, come; (I) (imp) (12)
про́бовать to try; (I) (imp) (16)
провести́ to spend (time); (проведу́, проведёшь,
        проведу́т) pt: (провёл, провела́) (I) (perf)
        (7, 13, 17)

продаваться to sell; (продаю́сь, продаёшься,
        продаю́тся) (imp) (7)
продолжа́ться to continue; (I) (imp) (17)
прое́хать to drive up to; (прое́ду, прое́дешь,
        прое́дут) (I) (perf) (15)
произноси́ть to pronounce; (произношу́,
        произно́сишь, произно́сят) (II) (imp)
        (5)
пройти́ к to pass (on foot); (пройду́, пройдёшь,
        пройду́т) pt: прошёл, прошла́) (I) (perf)
        (13, 14, 15)
промо́кнуть   to get soaked; (I) (perf) (11)
прописа́ть to prescribe; (пропишу́, пропи́шешь,
        пропи́шут) (I) (perf) (18)
просну́ться to wake up; (I) (perf) (18)
проста́вить   to fill in; (II) (perf) (12)
прости́ть to forgive; (прощу́, прости́шь, простя́т)
        (II) (perf) (1, 11)
путеше́ствовать to travel, take a long trip; (I) (imp) (5,
        12, 13)

рабо́тать to work; (I) (imp) (6, 17)
ра́доваться to be glad; (I) (imp) (4, 5)
раздева́ться to get undressed; (I) (imp) (11)
разде́ться to undress; (разде́нусь, разде́нешься,
        разде́нутся) (I) (perf) (18)
разреши́ть to allow, permit; (II) (perf) (11)
распрода́ть to sell out; (распрода́м, распрода́шь,
        распродаду́т) (perf) (16)
рассказа́ть to relate, tell; (расскажу́, расска́жешь,
        расска́жут) (I) (perf) (14)
расска́зывать to relate, tell; (I) (imp) (19)
расти́ to grow; (расту́, растёшь, расту́т) pt: (ро́с,
        росла́)(I) (imp) (9)
рекомендова́ть to recommend; (I) (imp) (19)
реши́ть to decide; (решу́, реши́шь, реша́т) (II) (perf)
        (9)
роди́ться to be born; (рожу́сь, роди́шься, родя́тся)
        (I) (perf) (2, 14)

сади́ться to sit down; (сажу́сь, сади́шься, садя́тся)
        (II) (imp) (1, 8, 11, 13, 17)
свети́ть to shine; (II) (imp) (17)

сдава́ть to take (an exam); to hand over; (сдаю́, сдаёшь, сдаю́т)(I) (imp) (6)

сда́ть to pass (an exam); to hand over; (сда́м, сда́шь, сда́ст, сдади́м, сдади́те, сдаду́т) (perf) (6)

сде́лать to do; (I) (perf) (12, 18)

серди́ться to get angry; (II) (imp) (17)

се́сть to sit down; (ся́ду, ся́дешь, ся́дут) (I) (perf) (8, 17)

сиде́ть to be sitting down; (сижу́, сиди́шь, сидя́т) (II) (imp) (16)

сказа́ть to say; (скажу́, ска́жешь, ска́жут)(I) (perf) (2, 5)

слома́ть to break; (II) (perf) (5)

слы́шать to hear; (слы́шу, слы́шишь, слы́шат)(II) (imp) (19)

случи́ться to happen; (II) (perf) (12)

слу́шать to listen; (I) (imp) (3, 4, 6, 19)

слы́шать to hear; (II) (imp) (19)

смея́ться to laugh; (I) (imp) (12, 17)

смотре́ть to look, see, watch; (II) (imp) (4, 5, 7, 15)

смо́чь to be able; (смогу́, смо́жешь, смо́гут) (I) (perf) (18, 19)

собира́ться to get ready to; (I) (imp) (2, 12, 17)

сове́товать to advise; (I) (imp) (5, 8, 16)

сойти́ to descend, get off; (сойду́, сойдёшь, сойду́т) pt: (сошёл, сошла́) (I) (perf) (15)

состоя́ть to be composed of; (состою́, состои́шь, состоя́т) (II) (imp) (14)

сочу́вствовать to sympathize; (I) (imp) (5)

спе́чь to bake; (спеку́, спечёшь, спеку́т) pt: (спёк, спекла́) (I) (perf) (11)

спра́шивать to ask; (I) (imp) (7)

спроси́ть to ask; (спрошу́, спро́сишь, спро́сят) (II) (perf) (7)

сравни́ть to compare; (II) (perf) (14)

ста́вить to put somewhere; (ста́влю, ста́вишь, ста́вят) (II) (imp) (9)

станови́ться to become; (становлю́сь, стано́вишься, стано́вятся) (II) (imp) (6, 14, 17)

стара́ться to try; (I) (imp) (4)

ста́ть to become; (ста́ну, ста́нешь, ста́нут) (I) (perf) (6, 14, 17)

сто́ить to cost, be worth; (II) (imp) (16, 19)
стоя́ть to stand; (II) (imp) (9)
счита́ть to consider; (I) (12)
существова́ть to exist; (I) (imp) (17)

танцева́ть to dance; (I) (imp) (5, 19)
тре́бовать to demand; (I) (imp) (3, 6)

уви́деть to see; (уви́жу, уви́дишь, уви́дят) (II)
          (perf) (14)
уви́деться to see each other; (уви́жусь, уви́дишься,
          уви́дятся)(II) (perf) (9)
увлека́ться to be keen on; to captivate; (I) (imp) (19)
удава́ться to be a success; turn out well; (удаётся,
          удаю́тся) (I) (imp) (5)
уда́ться to succeed, manage to; (уда́стся, удаду́тся)
          (perf) (5)
узна́ть to find out; (I) (perf) (3)
уйти́ to walk out, away; (уйду́, уйдёшь, уйду́т) pt:
          (ушёл, ушла́) (I) (perf) (15)
улыба́ться to smile; (I) (imp) (17)
умере́ть to die; (I) (perf) (2)
уме́ть to be able, know how; (уме́ю, уме́ешь, уме́ют)
          (I) (imp) (13)
уста́ть to be, get tired; (уста́ну, уста́нешь,
          уста́нут) (I) (perf) (18)
учи́ть to study, learn, memorize; (II) (imp) (6)
учи́ться to study; (II) (imp) (5, 6, 13)

хвата́ть to be enough, suffice; (I) (imp) (4)
ходи́ть to walk, go; (хожу́, хо́дишь, хо́дят) (II)
          (imp) (4, 9, 11)
хоте́ть to want; (хочу́, хо́чешь, хо́чет, хоти́м,
          хоти́те, хотя́т) (imp) (2, 4, 8, 11, 19)

чита́ть to read; (I) (imp) (3, 19)
чу́вствовать to feel; (I) (imp) (14)

шути́ть to joke; (шучу́, шу́тишь, шу́тят) (II) (imp)
          (14)

яви́ться to appear; (II) (perf) (14)
явля́ться to appear; (I) (imp) (14)

Russian Dictionaries from Hippocrene . . .

RUSSIAN PHRASEBOOK AND DICTIONARY Revised for 1994
Erika Haber
This invaluable guide to the Russian language, including a 3,000 word mini-dictionary, provides situational phrases and vocabulary that's the most up-to-date available. More than simply a dictionary, the book offers advice on ordering meals, making long-distance calls, shopping procedures, and countless tips to greatly enhance your visit to Russia. Maps of Moscow and St. Petersburg subway systems are included.
256 pages • 5 1/2 x 8 1/2• $9.95pb • 0-7818-0190-7
Cassettes to accompany *Russian Phrasebook and Dictionary*
Enhance your language education and gain conversational skills with cassettes designed to accompany our *Phrasebook and Dictionary* series. The set of two tapes includes two hours of lessons to improve pronunciation, vocabulary, and grammar.
You can easily turn your phrasebook into a learning aide with these masterful tapes—handy for jogging or walking, the car, or home or classroom use.
$12.95 • ISBN 0-7818-0192-3

RUSSIAN-ENGLISH/ENGLISH-RUSSIAN
STANDARD DICTIONARY Revised with Business Terms
Oleg and Ksana Benyuch
With over 32,000 entries, this dictionary remains the most contemporary and information-packed. The common-sense system of phonetics provides romanization of Russian words as well as the Cyrillic version of English words to help Russian speakers pronounce American English.

An extensive appendix of Russian-English\English-Russian Business Terms has been added to aid Americans conducting business with Russia and vice versa. It also contains detailed menu terms, especially helpful for travelers to Russia.
442 pages • 5 1/2 x 8 1/2 • $16.95pb • 0-7818-0280-6

RUSSIAN-ENGLISH/ENGLISH-RUSSIAN CONCISE DICTIONARY
Oleg and Ksana Benyuch
Compact and totally modern, this dictionary contains over 10,000 entries with transliteration provided for each word.
400 pages • 4 1/2 x 6 • $11.95pb • 0-7818-0132-X

BEGINNER'S RUSSIAN
Nonna Karr and Ludmila Rodionova
This guide introduces the beginner to the Cyrillic alphabet and is a perfect stepping stone to more complex language learning.
200 pages • 5 1/2 x 8 1/2 • $9.95pb • 0-7818-0232-6

RUSSIAN-ENGLISH/ENGLISH-RUSSIAN DICTIONARY OF BUSINESS AND LEGAL TERMS
Shane DeBeer

Compiled by a practicing attorney actively engaged in bi-lateral legal and business matters, this dictionary contains approximately 40,000 entries, a pronunciation guide, a table of abbreviations, an extensive bibliography and twelve commercial glossaries specializing in sectors from agriculture to oil to tourism.

800 pages • 5 1/2 x 8 1/2 • $39.95hc • 0-7818-0163-X

DICTIONARY OF RUSSIAN VERBS
Daum and Schenk

Back by popular demand, this highly acclaimed dictionary featuring 20,000 verbs fully declined has already become the indispensable companion of thousands of Russian language students who call it the most helpful guide of its kind.

750 pages • $35.00pb • 0-88254-420-9

DICTIONARY OF RUSSIAN PROVERBS (Bilingual)
Peter Mertvago

A comparable or literal tranlation is provided for 5,335 entries, with references to similar English proverbs or sayings. Ample cross-referencing for proverbs on related subjects is included, as is a handy Englishproverb index. The dictionary serves as a valuable reference and learning tool for students, scholars, businessmen, travelers, translators, and anyone interested in Russian culture, attitudes, and lifestyle, of which proverbs are the quintessential embodiment.

606 pages • $50.00hc • 0-7818-0283-0

LANGUAGE AND TRAVEL GUIDE TO RUSSIA
Victoria Andreyeva and Margarita Zubkus

Russian native introduce you to the system they know so well, covering such topics as food, the bath house, socializing, and sightseeing.

250 pages • 5 1/2 x 8 1/2 • $14.95 • 0-7818-0047-1

(All prices subject to change.)

TO PURCHASE HIPPOCRENE BOOKS contact your local bookstore, or write to: HIPPOCRENE BOOKS, 171 Madison Avenue, New York, NY 10016. Please enclose check or money order, adding $4.00 shipping (UPS) for the first book and $.50 for each additional book.